Geflügel

Ente, Fasan, Gans, Huhn,
Perlhuhn, Poularde, Taube, Wachtel,
Wildente, Wildgans und mehr …

GEFLÜGEL

Klassiker der Kulinarik.

Geflügel ist Essen für Körper und Seele. Dies spiegelt sich auch in den Statistiken zum stetig wachsenden Verzehr von Geflügel wider – und das weltweit. Die Beliebtheit von Hähnchen & Co. beschränkt sich nicht auf heimische Gefilde, sondern boomt – aller kultureller Grenzen zum Trotz – auf der ganzen Welt. Nicht verwunderlich: Das zarte, gleichförmige Fleisch lässt sich mit nahezu allen Aromen der Welt kombinieren. Huhn, Ente, Gans, Perlhuhn, Wachtel, Taube, Rebhuhn, Fasan – Wild oder Zuchttier – die große Auswahl an Geflügelarten erweitert den kulinarischen Horizont. Das neue TEUBNER Standardwerk widmet sich dem Thema Geflügel mit einer Vielzahl an Rezepten, die sowohl echte Klassiker als auch kulinarische Neuinterpretationen abbilden: Das französische Nationalgericht Coq au vin, Gans mit Apfel-Maronen-Füllung, asiatische Hühnersuppe, Entenkeule mit Mandeln und Rosinen oder ein Sauerbraten von Entenkeulen. Dass Geflügel auch wunderbar mit Fisch und Meeresfrüchten harmoniert, beweisen u.a. Rezepte wie Wachtel mit Calamaretti und Fasanenbrust auf Pulpoterrine. Rezepte zu Fonds und Jus und Küchenpraxis zu den Themen Vorbereiten, Füllen, Dressieren und Tranchieren runden den Rezeptteil ab. Die verschiedenen Geflügelarten werden warenkundlich beleuchtet und mit Wissenswertem und Informativem versehen. Auch die Historie des Geflügelverzehrs wird in einem Kapitel beschrieben: Vom einstigen Herrschaftsessen über den Verzehr bei Krankheit und den Anleitungen zum Rupfen bis zur heutigen, uneingeschränkten Verfügbarkeit.

VIEL FREUDE MIT DIESEM BUCH WÜNSCHT IHNEN IHR RALF FRENZEL

1 Unser liebes Federvieh.
Historie, Rassen, Genusswert
8

2 Stubenküken,
Huhn, Poularde
64

3 Ente
104

Inhalt

4 Gans
152

5 Wachtel, Perlhuhn, Taube, Wildente, Wildgans, Fasan
164

6 Fonds, Jus, Küchenpraxis
216

Unser liebes Feder-vieh

GEFLÜGEL

GEFLÜGEL

Glücklich, wer das noch aus eigener Anschauung erleben durfte.

Das Leben auf dem Land mit eigener Hühnerhaltung, vielleicht sogar noch mit ein paar Enten oder Gänsen. Sich am Sonntagmorgen die frisch gelegten Eier aus dem Stall holen, im März ein selbst gezogenes Stubenküken im Topf ... Natürlich verklärt unsere Erinnerung die Vergangenheit gerne zum Idyll. Aber es ist schon faszinierend, dass zu unserem Bild vom glücklichen Landleben unbedingt Geflügel dazugehört, und nicht vor allem ein Schwein oder ein Rind. Das wäre uns heute vielleicht etwas zu realistisch, zu „bäurisch". Aber so eine Schar Hühner, die sich nahezu selbst versorgt, könnte man, sollte man denn einmal aufs Land ziehen, schon halten. Frei nach Wilhelm Busch: „*Einesteils der Eier wegen, / Welche diese Vögel legen; / Zweitens: Weil man dann und wann / Einen Braten essen kann*". Nutzbringend, pflegeleicht und flauschig – es ist leicht einzusehen, warum das Huhn eines der frühesten Haustiere des Menschen geworden ist. Tatsächlich ging es unseren Vorfahren in erster Linie nicht darum, als sie das Huhn vor Tausenden von Jahren domestizierten.

> **INDIZIEN SPRECHEN DAFÜR, DASS DIE ANNÄHERUNG VON MENSCH UND HUHN ZUM EINEN AUS RELIGIÖSEN GRÜNDEN GESCHAH, ZUM BEISPIEL ALS BESTANDTEIL OFTMALS BLUTIGER KULTE.**

Noch heute finden rituelle Hühneropfer in der afrokubanischen Religion Santería statt – weswegen es etwa in den USA immer wieder zu Gerichtsverfahren kommt. Und zum anderen wegen der intensiven Kämpfe, die sich ausgewachsene Hähne liefern und die schon in der Frühzeit der Menschheit als sportliche Wettkämpfe in

Arenen ausgetragen wurden. Dort, wo sie noch stattfinden, wie auf den Philippinen, sind sie der älteste kontinuierlich ausgetragene „Sport". Aber noch im 19. Jahrhundert waren Hahnenkämpfe auch in Europa überall verbreitet, insbesondere in England, das sie jedoch als eine der ersten Nationen 1835 verbot.

Keinem unserer Vorfahren wäre eingefallen, Hühner und insbesondere Hähne als sonderlich idyllisch zu begreifen. Wachsamkeit, Kampfesmut, Potenz und eine gewisse Dämonie sind im Gegenteil die Eigenschaften, die ihnen frühere Kulturen zuschreiben. Dass das lateinische Gallus zugleich Gallien und Hahn bezeichnet und dieser somit Sinnbild Frankreichs, der „Grande Nation" ist, beruht auf einem dichterischen Wortspiel, das freilich als politisches Symbol eine große Karriere machte. Erst mit dem Biedermeier und der Idyllisierung der ländlichen Welt im Zuge der industriellen Revolution wurde auch der Hahn – der Feldherr auf dem Misthaufen – ins Kauzige „verkleinert". Entsprechend erhielt im 19. Jahrhundert der symbolische Ort kleinstädtisch-spießbürgerlicher Beschränktheit den Namen „Krähwinkel".

Der außerordentliche Erfolg des Huhns weltweit verdankt sich aber zweifellos den beiden Eigenschaften, die schon Wilhelm Busch hervorgehoben hatte: Eier zu legen und Fleisch zu liefern. Die alten Römer waren die ersten, die sich das systematisch zunutze machten, was wir aus überlieferten Schriften und archäo-zoologischen Berichten wissen, also anhand von Tierskelettfunden aus Siedlungsgebieten, die uns bis in die Neuzeit ein recht gutes Bild von der Züchtungsgeschichte von Geflügel (und natürlich anderen Nutztieren) liefern. Demnach gab es bereits in der Antike ausgeklügelte Fütterungsregime, Hähnchen wurden zumeist als kastrierte Kapaune gemästet und es fanden bei verschiedenen Rassen bereits Linienzucht sowie Verdrängungskreuzungen durch Auslesezüchtung statt. Dieses Wissen ging in der Völkerwanderung verloren, sodass Körpergröße und Formenvielfalt des Nutzgeflügels erst einmal auf lange Zeit zurückgingen.

Im Frühmittelalter wurden Hühner- und Gänsehaltung zwar wieder in größerem Umfang aufgenommen, wirkliche Rassezucht begann aber erst ab dem 15. Jahrhundert. Es wurden in einzelnen Regionen markante, leistungsfähigere Landschläge herausgebildet, die den Ursprung einiger noch heute lebender Rassen bilden. In Deutschland aber kam es während der kriegerischen Jahrhunderte der Frühen Neuzeit, etwa während des Dreißigjährigen Krieges, zur Nahrungsmittelkonkurrenz zwischen Menschen und Nutztieren, eine weitere Selektion auf Leistungssteigerung wurde unmöglich. Erst im 19. Jahrhundert änderte sich das grundlegend. Man gründete Landwirtschaftsvereine, um die Erkenntnisse der neuen Agrarwissenschaften umzusetzen – allerdings zunächst ohne Impulse für die Geflügelhaltung, da die Erlöse von Eiern und Fleisch zu niedrig waren. Als wegen der hohen Preise von Schweine- und Rindfleisch auch die Erlöse für Hühnerfleisch stiegen, musste der Bedarf importiert werden – die Haltung in Deutschland war zu teuer, die Bestände in keinem guten Zustand und in manchen isolierten Regionen durch Inzucht geschwächt.

> **DIE HEIMISCHE GEFLÜGELWIRTSCHAFT ERWACHTE ERST ALLMÄHLICH. NACHDEM ERSTMALS GROSSE UND FLEISCHREICHE CHINESISCHE HÜHNER, DIE IN ENGLAND UND DEN USA EINEN GEWALTIGEN BOOM AUSGELÖST HATTEN, DEUTSCHLAND ERREICHTEN, WURDE 1852 IN GÖRLITZ DER ERSTE GEFLÜGELZÜCHTERVEREIN GEGRÜNDET.**

Kritische Stimmen forderten dringend dazu auf, sich auch in der Geflügelzucht mit der weltweiten Konkurrenz zu messen und insbesondere die USA zum Vorbild zu nehmen. Diese, so der Landwirtschaftsjournalist Cäsar Rahn im Jahr 1890, erwirtschafteten mehr mit dem Geflügel als „aus dem Weizenbau, der Schweinezucht, den Silberminen und der Baumwollenzucht". Die vermehrten Zuchtversuche erstreckten sich aber nicht nur auf die Geflügelmast. In den 1880er-Jahren kamen durch neu errichtete Geflügelverkaufsschauen Italiener Hühnchen nach Deutschland. Dabei handelte es sich um eine ausgesprochene Legerasse, die in der Folge, insbesondere als in den USA optimierte Form des Leghorn Huhnes (Leghorn ist engl. für Livorno) fast alle hierzulande eher für das Eierlegen gehaltenen Landschläge verdrängen sollte. Bis heute bildet sie die wichtigste Zuchtgrundlage der modernen Legehybriden (die Legerassen werden in diesem Buch nicht weiter thematisiert). Schon zu dieser Zeit betonten Züchter den Schutz des einheimischen Geflügels, damit dies nicht „durch die Sucht nach Fremden oder durch die Mode untergehe".

Die „Fremde" hatte aber mittlerweile einen großen Vorsprung in der Geflügelhaltung, nicht nur die USA oder England, sondern auch „Erzfeind" Frankreich. Im Norden des Nachbarlandes waren Betriebe mit Hühnerherden von 3.000 bis 6.000 Stück nicht ungewöhnlich. Der Ornithologe August Baldamus schrieb noch 1896, dass die Geflügelzucht im Deutschen Reich „nirgends als landwirtschaftlicher, sondern lediglich als hauswirtschaftlicher Betrieb" existiere und die Geflügelhaltung auch auf den größten Gütern „nur in solchem Umfange zu finden sei, dass sie den internen Bedarf an Eiern und gelegentlichem Gast- und Festbraten deckt, während nur der etwaige Überfluss der Produkte an den Markt gebracht wird". Dagegen dominierte in dieser Zeit die Zier- und Sportgeflügelzucht; Leistungsmerkmale, wie Fleischansatz und Eiproduktion waren demgegenüber zweitrangig, wie auch die Frage nach einer adäquaten Fütterung.

Erst nach 1900 begann die Geflügelwirtschaft – und das meint fast ausschließlich Hühnerhaltung – ein eigenständiger Zweig der deutschen Landwirtschaft zu werden. Nun floss vermehrte staatliche Förderung in lokale Zentren, die Ausbildungssituation wurde verbessert, wobei Frauen eine wichtige Rolle spielten. 1922 gründete man in Ostpreußen das erste Geflügelherdbuch, eine Zusammenstellung von Abstammungsnachweisen für Zuchttiere, und landauf, landab fanden Leistungsschauen statt. Die Bestände wuchsen enorm, 1927 gab es im Deutschen Reich über 61 Millionen Legehennen, aber Haltung und Zucht waren kleinteilig und wenig effizient. Noch aber hielt sich eine gewisse Vielfalt, was von denen, die nun eine "einheitliche Durchzüchtung" forderten, als "großes Durcheinander" (der Züchter Günter Vollhardt, 1930) verurteilt wurde. Doch selbst der Nationalsozialismus schloss sich dieser Position nicht an. Zwar war das Huhn ein wichtiger Faktor in der von Reichsbauernführer Walther Darré 1936 ausgerufenen "Erzeugerschlacht". Auch gab es seit demselben Jahr ein Reichstierzuchtgesetz, das die Zucht reinrassiger Nutztierrassen regelte und entsprechende "Rassestudien" vorsah, doch fiel das Geflügel nicht darunter.

In den USA sollte der Zweite Weltkrieg für den entscheidenden Durchbruch der Geflügelindustrie sorgen. Rotes Fleisch wurde rationiert, weshalb der Verbraucher vielfach auf Hühnchen umsteigen musste. Aus dieser Zwangsheirat wurde nach dem Krieg eine Liebesbeziehung: Seit Anfang der Neunzigerjahre ist Geflügel das meist konsumierte Fleisch in den USA. In Deutschland war nach dem Krieg dagegen vor allem Schweinefleisch begehrt – die Jahre der Entbehrung forderten hohe Energiewerte in der Nahrung, sprich: Fett. Während in den USA dem gestiegenen Bedarf an Hühnerfleisch durch zahlreiche Programme zur Rationalisierung der Geflügelzucht und -haltung, wie etwa dem „Chicken of Tomorrow"-Programm von 1948, begegnet wurde, änderte sich in Deutschland an den traditionell konservativen Verfahren, wie der Reinzucht alter Geflügelrassen, wenig.

> **ERST ALS IM WIRTSCHAFTSWUNDER NAHRUNGSMITTELFETT ALS VERMEINTLICH HAUPTVERANTWORTLICHER FÜR ARTERIOSKLEROSE, UM 1955 TODESURSACHE NUMMER EINS IN DER BRD, AUSGEMACHT WURDE, ÄNDERTE SICH DIE SITUATION IN DER NUTZTIERHALTUNG.**

Bei den Schweinen etwa wurden nun statt Fett- neue Magerrassen gezüchtet – und fettarmes Geflügel stellte auf einmal eine gesunde Alternative dar. Gleichzeitig änderten sich die Strukturen. Das zuvor importabhängige Deutschland sollte nun, nach Unterzeichnung der Pariser (Nato-Beitritt 1954) und Römischen Verträge (EWG 1956), die landwirtschaftliche Selbstversorgung anstreben, der politische Startschuss für eine tiefgreifende Umgestaltung des heimischen landwirtschaftlichen Raumes. In der Geflügelwirtschaft bedeutete das zu Beginn der 1960er-Jahre die Übernahme der US-amerikanischen Innovationen, insbesondere die Kombination aus großflächiger Intensivtierhaltung und dem Einsatz von neuen Hochleistungsrassen aus der sogenannten Hybridzucht.

Dies geschah zunächst durch Lizenzierung, später auch mittels gegenseitiger Kapitalbeteiligungen. Dabei war der Schüler bald erfolgreicher als der Lehrer: Seit die EW (= Erich Wesjohann)-Gruppe 2005 den Konzern Aviagen mit Marken wie „Ross" und „Arbor Acres" übernommen hat, ist ein deutsches Unternehmen der Weltmarktführer im Bereich Legehennen- und Masthähnchenerbgut. Und die Züchter kontrollieren durch das Prinzip der „integrierten Vermarktungskette" den gesamten Wirtschaftszweig. Zwar sind die eigentlichen Geflügelmäster selbstständige Bauern, aber diese kaufen die Küken vom Züchter, mästen sie mit dessen Futter und verkaufen sie an dessen Schlachthöfe.

So ist Deutschland beim Geflügel längst zum Selbstversorger geworden und exportiert mehr, als es importiert. Doch der wirtschaftliche Erfolg steht von vielen Seiten unter Druck, nicht nur durch Konkurrenten im Markt, wie innerhalb der EU die neuen Beitrittsländer Polen und Ungarn oder weltweit die Schwellenländer Brasilien, Indien, Russland und China. Fragen des Umweltschutzes, des Verbraucherschutzes und des Tierwohls sind für die Branche so dringend geworden, dass sie vor großen Veränderungen steht, will sie ihre Akzeptanz beim heimischen Verbraucher nicht gefährden. Dabei wird oft übersehen, dass die Antworten nicht einfach sind. So sehr uns bei dem Gedanken unbehaglich ist, dass ein modernes, optimiertes Zuchthuhn eines der wohl „industrialisiertesten" Lebewesen überhaupt ist, muss man sich doch eingestehen, dass gerade ein Hähnchen in Intensivhaltung durch seinen geringen Futter- und Platzverbrauch das Fleisch mit der mit Abstand besten Ökobilanz liefert. Inzwischen haben auch die Marktführer der Industrie die Züchtungsziele um Tierwohl-Kriterien erweitert.

Eine Steigerung des Marktanteils von Masthühnern aus Freiland- und Bio-Haltung ist zwar wünschenswert, aber man sollte sich hier keine Illusionen machen. Selbst Bio-Hühner sind in Deutschland aus Gründen der Wirtschaftlichkeit nahezu ausschließlich Hybridtiere, nicht unbedingt die besonders schnell wachsenden Sorten aus den Intensivmastbetrieben, aber statt „Ross 308" beispielsweise eben „Ross 508". Die Hühner leben länger, das ist im Sinne des Tierwohls erfreulich, aber dadurch entstehen Tiere, die mit einem Schlachtgewicht von über 1,8 Kilogramm für den deutschen Markt zu schwer sind – zumal eine Vermarktungskette von Hühnerteilstücken aus Bio-Haltung noch nicht wirklich existiert. Da es kaum Definitionen der eigentlichen Produktqualität von Öko-Betrieben gibt, lassen sich die hohen Preise zudem schwer vermitteln. Dennoch wächst seit einigen Jahren aufgrund des gesteigerten Interesses nach mehr Tierwohl der Bio-Anteil bei Geflügelfleisch stetig und liegt derzeit bei ca. 2,6 Prozent der gesamten deutschen Geflügelproduktion. Ebenfalls hat die Bundesregierung als weltweit erstes Land seit 01.01.2022 das Töten männlich geschlüpfter Küken in der Legehennenzucht verboten.

> **UND DIE ALTEN RASSEN? SELBST DIE EINST FÜR IHRE FLEISCHQUALITÄT GERÜHMTEN SUNDHEIMER HÜHNER (ABB. UNTEN) SIND SO SELTEN GEWORDEN, DASS SLOW FOOD, IN DEREN „ARCHE DES GESCHMACKS" SIE AUFGENOMMEN WURDEN, WEGEN DER NIEDRIGEN ZAHL DES BESTANDES KEINE ANGABEN ÜBER DEN GESCHMACK MACHEN KANN.**

Ein Hoffnungsschimmer kommt aus den USA, wo die Bewegung des „Backyard Farming" immer populärer wird. Hier werden mehr und mehr Hühner im Hinterhof von jungen Leuten gehalten, die es wichtig finden, dass die klassischen Traditionen der Landwirtschaft in unserer Zeit nicht verschüttet werden und die sich vor allem mit regionalen Produkten ernähren wollen. Während die moderne Geflügelzucht vom Mittel der genomischen Selektion den nächsten großen Schritt zur weiteren Optimierung des Huhns erwartet, werden vielleicht in einigen Jahren ein paar Zwanzigjährige vom Geschmack eines selbst aufgezogenen Augsburger Hähnchens so begeistert sein, dass sie daraufhin ein ganz eigenes Food-Start-up gründen, das die Branche durcheinanderwirbelt. Vermutlich nur ein frommer Wunsch, aber alle, die gutes Essen lieben, wären begeistert.

GEFLÜGEL

Das Huhn ist ein geduldiges Wesen

Schon „Brehms Thierleben" von 1882 lobt, dass es die verschiedensten Umstände „mit bewunderungswürdiger Fügsamkeit" erträgt. Dies wurde zu einer Zeit geschrieben, als von Massen-Käfighaltung noch nicht die Rede war. Die Entwicklung der Geflügelindustrie im 20. Jahrhundert aber hat zu Tierhaltungsformen geführt, die in der Kritik von Tierschutzverbänden, Verbraucherschutzorganisationen und zunehmend auch von „einfachen" Konsumenten stehen. Im Folgenden soll kurz skizziert werden, wie es zur modernen Geflügelhaltung gekommen ist, woran sich die Kritik entzündet, wie der Gesetzgeber darauf reagiert hat und wo wir heute stehen.

Tatsächlich soll die Geburt der modernen Hühnerhaltung auf einem Missverständnis beruhen. So soll Celia Steele, die hühnerhaltende Frau des Küstenwachmannes Wilmer Steele aus Oceanview, Delaware, einmal statt der bestellten 50 Küken 500 erhalten haben. Statt die Sendung zurückgehen zu lassen, pferchte sie die Tiere in ein kleines, beheiztes Hühnerhaus, getrennt von den Legeställen, mästete sie und verkaufte die 387 überlebenden Hühnchen dann nach Gewicht – und machte dabei ein gutes Geschäft. Im nächsten Jahr waren es 1.000, 1925 bereits 10.000, zehn Jahre später dann 250.000 Hähnchen, die nun zu den großen Märkten New Yorks geliefert wurden: der Beginn der weltweiten, massenhaften Broiler-Produktion.

Zumindest in der Forschung waren zuvor auch für die Legehennen „optimierte" Haltungsformen erprobt worden. 1911 soll ein Professor Thomas J. Hulpin erstmals mit Käfighaltung experimentiert haben. 1924 wurden dann an der Ohio Agriconomical Experiment Station die ersten ernsthaften Versuche zur Käfighaltung in sogenannten „Battery Cages" oder „Hen Batteries" durchgeführt. Unter realen wirtschaftlichen Bedingungen startete die Methode in den 1930er-Jahren in primitiver, einstöckiger Form im klimatisch begünstigten Kalifornien. In England wurden bereits 1935 mehrgeschossige Batterien mit automatischer Entmistung verwendet und nach dem Krieg setzte eine starke Weiterentwicklung der Käfighaltung ein, die sich dann in den USA und England und ab 1959 auch in Deutschland durchzusetzen begann. Tatsächlich ging es in der industriellen Haltung nicht ausschließlich um den „Käfig", also um Platzoptimierung und Kontrolle. Aufzucht unter Effizienzgesichtspunkten bedeutet neben der Optimierung aller Kosten-Nutzen-Faktoren vor allem die Eliminierung aller störenden Umweltparameter. Dies betrifft etwa Jahreszeiten, Klima, Licht, Futter, Gesundheit. Klassische Hühnerrassen etwa legen nicht im Winter – unter den gleichbleibenden Licht- und Wärmeverhältnissen der Ställe sind die modernen Legehennen jedoch auch fleißige Winterleger geworden. So wurde alles, was die Natur an Hindernissen bereithielt, die Tiere an „optimalen Leistungen" – sei es an der Lege- oder der Fleischleistung – zu hindern, in der modernen Geflügelhaltung überwunden: natürliche Feinde, Folgen aggressiven Verhaltens der Tiere untereinander, Krankheiten und Keime, Kälte oder Nahrungsmangel.

Der Preis war hoch. Hybridrassen wurden über die Grenzen ihrer biologischen Leistungsfähigkeit hinaus gezüchtet. Der Lebensraum der Tiere – zu viert in einem 40 Zentimeter breiten und 45 Zentimeter tiefen Drahtkäfig – maß pro Tier weniger als ein Din-A4-Blatt, die gewaltigen Ställe waren fensterlos, 18 Std. brannten Lampen und simulierten einen permanenten Sommer. Gesundheits- und Verhaltensstörungen waren die Regel, etwa Schäden am Gefieder, an Knochen, Krallen und Fußballen. Hohe Medikamentendosen gehörten zur Tagesration. Antibiotikagaben wurden selbstverständlich.

> **1964 PUBLIZIERTE DIE ENGLÄNDERIN RUTH HARRISON DAS BUCH „ANIMAL MACHINES", IN DEM ZUM ERSTEN MAL SCHONUNGSLOS DIE MODERNE VIEHHALTUNG UND INSBESONDERE AUCH DIE ZUSTÄNDE IN DER GEFLÜGELINDUSTRIE BESCHRIEBEN WURDEN.**

Nun begann die weltweite Debatte um das Wohl unserer Nutztiere und auch hier, wie bei der Einführung der modernen Haltungsformen, reagierte Deutschland verspätet.

In Großbritannien trat die Regierung selbst in Aktion und stieß eine Entwicklung an, die 1979 in der Formulierung der „Fünf Freiheiten" gipfelte – noch heute eine Grundlage bei jeder Diskussion über das Tierwohl: die Freiheit von Hunger oder Durst, von haltungsbedingten Beschwerden, von Schmerz, Verletzung oder Krankheit, von Angst und Stress. Auch die Möglichkeit zum Ausleben normaler Verhaltensmuster stand auf der Liste. Dagegen waren es in Deutschland Männer wie Zoodirektor Bernhard Grzimek, Verhaltensforscher Konrad Lorenz oder Journalist Horst Stern, die mit teilweise drastischer Wortwahl („KZ-Käfighaltung") vor allem in den Medien der 1970er- und 1980er-Jahre gegen die empörenden Zustände angingen.

Der Weg zur Besserung war lang. Die moderne Geflügelwirtschaft war ein erheblicher Wirtschaftsfaktor geworden, von dem viele Arbeitsplätze abhingen – entsprechend stark war (und ist) ihr Einfluss in der Politik. In der Folge der Ökologiebewegung wuchs eine starke, in Teilen militante Tierschutzlobby heran. Zwischen den extremen Positionen der Tierrechtsbewegung, die die wirtschaftliche Nutzung oder gar Tötung von Tieren überhaupt ablehnte und einer rein zweckorientierten „Die-Erde-untertan"-Position war eine Verständigung schwierig.

Dennoch wurde in Deutschland 1997 von Landwirten, gemeinsam mit Tierschutzorganisationen und Länderbehörden, unter Führung des Bundesverbraucherschutzministeriums die sogenannte „Hähnchenvereinbarung" geschlossen. Zwei Jahre später folgte die „Putenvereinbarung" (2013 novelliert und erweitert): eine freiwillige Verpflichtung der Branche zur Einhaltung tiergerechter Normen mit bundeseinheitlichen Eckwerten zu Bestandsdichte, Beleuchtung, Luftqualität, Tränke und Fütterung. 1999 verbot dann das Bundesverfassungsgericht die Hühnerhaltung in der Legebatterie, während die EU die Richtlinie 1999/74/EG über „Mindestanforderungen zum Schutz von Legehennen" erließ (acht Jahre später ergänzt durch die Richtlinie 2007/43/EG über „Mindestvorschriften zum Schutz von Masthühnern"), wonach die konventionelle Käfighaltung europaweit von 2012 an verboten wurde. 2001 legte das deutsche Verbraucherschutzministerium eine entsprechende Hennenhaltungsverordnung vor und bereits zum 1. Januar 2010 wurde dann hierzulande die konventionelle Käfighaltung verboten.

Während die EU eine ausgestaltete Käfighaltung anstelle der konventionellen Käfighaltung setzte, wurde in Deutschland 2006 eine sogenannte Kleingruppenhaltung entwickelt, die über die EU-Vorgaben hinausging – eine Haltungsform, die der Bundesrat aber mit Beschluss vom 6. November beendete, mit längeren Auslauffristen für bestehende Betriebe.

Dadurch werden Hühner und Puten in Deutschland in absehbarer Zeit komplett in Bodenhaltung leben, ein langsam wachsender Anteil sogar in Freiland- und biologischer Haltung (was, wie Untersuchungen zeigen, nicht automatisch „besser" für die Tiere moderner Rassen ist, etwa hinsichtlich der Gesundheit – in der Natur etwa ist die Keimbelastung wesentlich höher). Damit ist die nationale Gesetzgebung hierzulande hinsichtlich der Geflügel-

wirtschaft deutlich „schärfer" als europäisches Recht, auch wenn sie in der EU die bezüglich der gesetzlichen Tierwohl-Anerkennung in der Geflügelhaltung führenden Länder Schweden und Österreich nicht erreicht. Weltweit aber besitzt Deutschland einen der höchsten Standards für Hühner- und Putenzüchtung, wie 2011 auch die große Studie „Geflügelwirtschaft weltweit" des Handelsblatt Research Instituts zeigen konnte. Das heißt jedoch nicht, dass in vielen Bereichen nicht noch großer Handlungsbedarf besteht. Das sogenannte Kükenschreddern, also die massenhafte Tötung von nicht „brauchbaren" männlichen Küken aus der Legehennenzucht ist seit 01.01.2022 verboten und somit ein Schritt in die richtige Richtung. Vor allem aber muss es dringend auch gesetzliche Haltungsanforderungen für alle anderen Nutztiergeflügelsorten, wie Enten oder Gänse geben, insbesondere auch für die teilweise intensiv gehaltenen Arten, wie Wachteln, Tauben oder Perlhühner. Trotzdem hat sich sehr viel geändert in Deutschlands Geflügelwirtschaft und vieles ist noch auf dem Weg.

Dennoch reißt die massive Kritik nicht ab. Das liegt zum einen daran, dass die meisten Tierschutzorganisationen heute Tierschutz als Einforderung von sogenannten „Tierrechten" verstehen, also Tötung und Nutzung von Tieren grundsätzlich ablehnen. Wenn aber das ganze System abgelehnt wird, wird ein Dialog über die Verbesserung der realen Situation von Nutztieren unmöglich. Im Zentrum der Angriffe stehen dabei paradoxerweise mehr und mehr die Bio-Produzenten, weil diese aus Sicht der Tierschützer den grundsätzlichen Skandal der Nutztierwirtschaft mit dem schönen „Öko-Mäntelchen" nur verschleiern würden, dass nämlich nach wie vor Tiere zur Nahrungsgewinnung getötet werden.

Wer für sich entschieden hat, Fleisch zu konsumieren, könnte darüber lediglich mit dem Kopf schütteln. Zugleich zeigen nicht zuletzt die Aktivisten mit ihren - mindestens umstrittenen - „Operationen" aber auch, dass in Deutschlands Geflügelindustrie (gesetzgeberischer) Anspruch und (agroindustrielle) Wirklichkeit häufig auseinanderklaffen. Ohne Frage ist es heute ein Problem geworden, dass die Praxis der Produktion in der Landwirtschaft insgesamt dem Verbraucher kaum mehr zu vermitteln ist. Aber gerade die Geflügelwirtschaft scheint erst allmählich verstanden zu haben, dass die permanente mediale Präsenz „hässlicher Bilder" und nicht abreißender Skandale das Verhältnis des Konsumenten zum Lebensmittel Geflügel nachhaltig zu beschädigen droht.

> **ABER ES GIBT AUCH EIN ZENTRALES ARGUMENT, DASS SICH AN DEN VERBRAUCHER SELBST RICHTET: TIERWOHL, ALSO EINE BESSERE HALTUNG, IST BEI ALLEN METHODEN DER NUTZTIERHALTUNG ZUNÄCHST ABHÄNGIG VON GUTER AUSBILDUNG UND PROFESSIONELLEM HALTUNGSMANAGEMENT DER PRODUZENTEN, DANN VON INFRASTRUKTUR UND KOSTEN. DAFÜR GILT ES, EINEN ANGEMESSENEN PREIS ZU ZAHLEN: SEI ES BEIM DISCOUNTER ODER AUF DEM BAUERNMARKT.**

GEFLÜGEL

Hühner – historische Rassen

Bankiva [1]

Alle Haushühner stammen vom Bankivahuhn ab (Gallus gallus), einer Art der Roten Kammhühner, die aus Südostasien stammt. Das hatte schon Charles Darwin herausgefunden und moderne DNA-Analysen haben ihn bestätigt. Doch wann genau, wo und in welchen Stufen sich die Domestizierung abspielte, ist noch nicht völlig geklärt. Gesichert sind Knochenfunde aus dem Jahr 5.400 vor Christus in China. Doch schon da war die Rasse vermutlich „auf Reisen", ihre Ursprungsländer sind wohl Thailand oder Java.

Die Bankivahühner, deren Hähne zwischen 65 und 78 cm groß und zwischen 485 und 1050 g schwer werden können, leben in Herden von bis zu 40 Tieren. Sie fühlen sich im Dschungel und in dichten Bambushainen, aber auch in halboffenen Landschaften wohl und haben sich sehr früh an erste Formen von menschlichem Wanderfeldbau gewöhnt. Diese Art der Kulturfolge erleichterte die Domestizierung ebenso wie die Umstände, dass sich die Bankivahühner als Allesfresser selbst versorgen und die Küken nach dem Schlupf auch von Menschen „geprägt" werden, sie also bei Erstkontakt quasi als „Mutterersatz" akzeptiert werden können.

Mittlerweile ist erwiesen, dass neben dem Bankivahuhn mindestens noch eine weitere Art des Roten Kammhuhns bei der Entstehung der heutigen Hühnerrassen beteiligt war: das indische Sonnerathuhn. Was die Frage aufwirft, ob die Domestizierung der wilden Hühner an mehreren Orten parallel verlaufen ist. Auf jeden Fall gelangten die zahmen Verwandten vor etwa 4.000 Jahren von Indien in den Nahen Osten, von dort nach Ägypten und schließlich über Griechenland und Italien um 600 vor Christus auch in das Europa nördlich der Alpen. Erst mehrere Hundert Jahre später begann dann bei den Römern die eigentliche Karriere der Hühner als Nutztiere in größerem Umfang.

Cochin [2]

Ruhm kann ungerecht sein: Für die Nachwelt lebt Kapitän Sir Edward Belcher in der Figur des Kapitäns William Bligh weiter. Denn Belchers enttäuschte Frau Diana hatte dem historischen Bligh in ihrem Bestsellerroman „Die Meuterei auf der Bounty" die Züge ihres Ehemanns verliehen. Dabei sollte Belcher die Welt verändern, durch das, was er 1842 nach einer Weltumsegelung mit nach England brachte: riesige, bis zu fünf Kilogramm schwere Hühner aus Asien, die Vietnamesische oder Shanghai Hühner, zumeist aber Cochinchina oder kurz Cochin Hühner (Cochin ist ein alter Name für den Süden Vietnams) genannt wurden und eigentlich wohl aus Malaysia stammten.

Die gewaltigen Tiere, mehr als dreimal so groß wie klassische englische Hühner, wurden Tagesgespräch, zunächst bei Queen Victoria und Prinz Albert, die von den Tieren begeistert waren, schließlich im ganzen Land. 1846 kamen weitere Tiere von englischen Seemännern aus dem neu eröffneten Hafen von Shanghai nach England und es begann, was als „Hen Fever" in die Geschichte eingehen sollte. Die Folge waren beispiellose Zuchtprogramme und Farminitiativen, ja die Transformierung der englischen Landwirtschaft, die bisher von teuren Hühner-Importen abhängig war. Neu war vor allem auch das Phänomen des „Hinterhof-Huhns". Was einstmals ein königliches Hobby war, die Zucht exotischer Vögel, wurde nun eine Sache von jedermann. Von England aus verbreitete sich „The Fancy", wie die neue Mode auch genannt wurde, in die ganze Welt. Nach Deutschland kam das Cochin Huhn 1852 und auch hier löste es einen wahren Hühnerboom aus: nicht zuletzt den Beginn der deutschen Rassegeflügelzucht durch Robert Oettel in Görlitz.

Heute ist das sehr zahme Tier fast ausgestorben. Es wird fast ausschließlich als Zierhuhn gehalten und in sieben Farbschlägen gezüchtet. Tatsächlich imponiert es mit seinem massigen Bau und üppigen Gefieder, das sogar die Schenkel und die Läufe nahezu vollständig bedeckt.

Brahma /3

Die Brahmas werden gerne als die Könige der Hühner bezeichnet, aber wie so manches menschliche Geschlecht haben sie eine etwas unklare Abstammung. Sicher ist, dass die Rasse auf die Tiere zurückgeht, die Kapitän Edward Belcher 1842 beziehungsweise englische Seefahrer 1846 aus Shanghai nach London mitgebracht hatten. Abkömmlinge dieser Herkunft gelangten in die USA und wurden dort von George Burnham züchterisch „bearbeitet". 1852 schickte er Queen Victoria neun dieser Tiere, die er nach eigenen Angaben rein aus den Shanghai (also Cochin) Hühnern gezüchtet haben will. Bestimmte Merkmale deuten darauf hin, dass dabei bis zu einem gewissen Grad auch Chittagongs, Kampfhühner aus dem heutigen Bangladesch, beteiligt waren, die bereits in den 1830er-Jahren nach England und später auch nach Amerika gekommen waren. Es gab zunächst zahlreiche Namen für die neue Rasse, bis der Verleger eines amerikanischen Landwirtschaftsmagazins sie um 1854 aus praktischen Gründen „Brahma" taufte.

Der Erfolg der neuen Rasse, die zunächst in einem dunklen (eigentlich silberfarbig-gebänderten) Farbschlag, der in England weiter selektioniert wurde, sowie einem leichten hellen (Columbia, das heißt, weißer Körper mit schwarzem Hals und Schwanz), später auch in einem gelbbraunen Farbschlag gezüchtet wurde, war durchschlagend. Zwischen den 1850er-Jahren und 1930 bildeten die Brahmas angeblich die Hauptfleischmahlzeit in den USA. Es gab Hähne, die bis zu acht Kilogramm schwer werden konnten, und gemeinsam mit den Cochin Hühnern waren sie die Protagonisten des „Hen Fever", das die Welt erfasst hatte. Ihre Beliebtheit verdankt sich neben der Größe und guten Legefähigkeit auch der Charakteristik der Vögel: die würdige Haltung, das anmutige Schreiten und der selbstbewusste Blick. Reinrassige Tiere erkennt man übrigens an der Befiederung der Mittelzehe.

In Deutschland, das im 19. Jahrhundert ebenfalls der allgemeinen Bewunderung für die schönen Tiere erlag, wurden die Bestände durch die Hungerzeiten der beiden Weltkriege dramatisch reduziert, da die Hühner sehr futterintensiv sind. Brahmas sind in viele Kreuzungen eingeflossen, etwa in die hellen Sussex Hühner, denen sie ihr charakteristisches Federkleid, das sogenannte Columbia-Muster verliehen. Heute sind sie sehr beliebte Zierhühner.

Malaie /4

Eine Darstellung der Fleischrassen wäre unvollständig, ohne auf die bedeutende Rolle der Kampfrassen in der Geschichte der Hühnerzucht hinzuweisen. Die Tradition der Haltung von Hühnern als Wettkampftiere ist uralt, in einigen Kulturen ist der Hahnenkampf Teil religiöser Rituale. Zu den wichtigsten Rassen gehören die Malaiischen Kampfhühner, die bereits die Vorfahren der Kampfhühner waren, die die Römer nach England brachten, und aus denen dann das Altenglische Kampfhuhn entstand. Um 1800 kamen erneut echte Malaien (Tiere mit einer Scheitelhöhe von bis zu 90 cm) sowie indische Asil Hühner nach England und wurden dort vor allem in Cornwall gehalten und mit lokalen Landschlägen gekreuzt. Um 1820 züchtete Sir Walter Raleigh Gilbert die Rasse Indian Game, die später auch Cornish Game oder kurz Cornish genannt wurde, und zunächst ebenfalls als Kampfhuhn diente.

Nach dem Verbot von Hahnenkämpfen in England richtete sich die Aufmerksamkeit auf die Fleischleistung dieser Kämpferrasse, insbesondere auf die breite, feste Brust und die Schultern des massigen Körpers sowie die markante Schenkelbemuskelung. Die Legeleistung der bis zu fünf Kilogramm schweren Tiere ist gering, aber die Schlachtausbeute exzellent. In den USA wurden Cornish Hähne zu Kreuzungen mit New Hampshire, Sussex und Rhodeländer Hennen herangezogen, um beste Gewichte mit günstigen Futterverwertungen zu erzielen. Heute bildet die Hybridkreuzung „Corn/Rock Broiler" die genetische Grundlage der angelsächsischen Geflügelrassen, eine Kreuzung aus weißen Cornish und weißen Plymouth Rock Hühnern, die in nur wenigen Wochen schlachtreif sind.

GEFLÜGEL

Hühner international

Dorking /5

Das Dorking Huhn, benannt nach der gleichnamigen Ortschaft in Surrey, Südengland, traditionell ein Zentrum der Geflügelhaltung, ist die wohl älteste bekannte englische Rasse. Bereits der antike Autor Columella beschreibt die Rasse zur Zeit des römischen Kaisers Claudius, und alles spricht dafür, dass sie im Gefolge römischer Truppen auf die britische Insel gekommen ist. Allerdings bleibt es mysteriös, dass zwar schon römische Autoren von den charakteristischen fünf Zehen (üblich sind vier) und der hohen Fleischqualität der Rasse sprechen, sich im heutigen Italien aber kein einziger entsprechender Schlag mehr findet. Man vermutet daher, dass die Soldaten fünfzehige Hühner aus den belgischen Ardennen mit nach England genommen haben – oder die Hühner von phönizischen Händlern im Tausch gegen Zinn auf die Insel gekommen sind. Dort haben sie sich im Süden zu einem festen Schlag herausgebildet.

Die weißhäutigen Dorkings sind eine ausgesprochene Fleischrasse, mit bis zu 4,5 Kilogramm Gewicht die schwerste, die es vor der Ankunft der asiatischen Tiere im 19. Jahrhundert in England gab. Dort gelten Dorkings als ausgesprochene, von keiner anderen Rasse übertroffene, Delikatesse. Es hieß, dass es in Dorking zeitweise sogar ein Verkaufsverbot von Lebendhühnern gegeben habe, so kostbar waren die Tiere und so bewusst war der Stadt, welchen Wert die heimische Zucht hatte. Trotz der Konkurrenz der neuen asiatischen Rassen waren die Dorkings noch 1904 das verbreitetste Zuchtgeflügel in Großbritannien. Auch im Ausland erfreute es sich einiger Beliebtheit – nach Deutschland kam es 1860 – musste dann aber wegen seines verhältnismäßig langsamen Wachstums nicht zuletzt hinter Züchtungen, in die es eingegangen war, wie dem Sussex oder dem Lachshuhn, zurückstehen, zumal der Konsument immer mehr die gelbhäutigen gegenüber den weißhäutigen Hühnern bevorzugte.

Bresse /6

Bressehühner sind zumindest unter Feinschmeckern das beliebteste Geflügel. Dass diese Vögel heute einen solchen Status haben, verdanken sie weniger der Rasse oder der Herkunft, sondern durch gutes Marketing unterstützten Qualitätssicherungsmaßnahmen in Haltung und Mast. Diese sind heute weltweit beispiellos, insbesondere, weil sie dem Megatrend „Magerfleisch" bewusst zuwiderlaufen und sich einzig der Fleischsensorik, sprich Geschmack und Textur, verpflichtet sehen.

Erstmalige Erwähnung fanden die Hühner aus dem Osten Frankreichs 1591, für das darauffolgende Jahrhundert stellte Madame de Sévigné die Hühner aus Caen und Rennes noch über die Landschläge aus der Bresse, die nur im nahen Lyon erste Wahl seien. Erstmals wirklichen Ruhm erlangten sie durch den Ausspruch des Gastrosophen

Jean Anthelme Brillat-Savarin, dass Bressehühner „die Königinnen des Geflügels und das Geflügel für Könige" seien. Doch trotz des hohen Ansehens waren die Tiere um 1900 fast verschwunden. Dann kam die Wende. 1904 wurde ein neuer Zuchtstandard verabschiedet, 1936 erhielt der Name „Bressegeflügel" gesetzlichen Schutz und 1957 wurde die Herkunft, einzigartig für Geflügel, durch die Appellation d'origine contrôlée (AOC) gesetzlich geschützt. Dies betrifft Hühner der Rasse Bresse gauloises (in vier Farbschlägen) in einer Region, die sich in etwa zwischen den Städten Mâcon und Bourg-en-Bresse im Süden sowie Chalon-sur-Saône und Dole im Norden erstreckt – Hühner dieser Rasse außerhalb der AOC-Region heißen einfach Gauloises.

Natürlich half bei der Vermarktung, dass die Tiere (zumindest bei den Bresse blanches) durch roten Kamm, weißes Gefieder und blaue Läufe die Trikolore zu spiegeln scheinen. Aber es waren die Aufzuchtbedingungen, die aus den mittelschweren Tieren (Hähne bis etwa drei Kilogramm) eine solche Delikatesse machten: die lange Freilandhaltung, die Fütterung samt legendärer Endmast (teilweise mit Sahne) und die sorgfältigst durchgeführte Tötung. Insbesondere der Händler Miéral hat mit seinem rigiden Forderungskatalog an die ihm angeschlossenen Züchter unter Gastronomen Kultstatus erlangt. Krönung sind die bis zu vier Kilogramm schweren Kapaune, also kastrierte Hähne, mit dem berühmten „onctueux embonpoint", dem cremigen Übergewicht. Im Kochtopf verwandelt sich dieses Fett in feinsten Schmelz, nichts für Kalorienzähler, aber für Feinschmecker der Himmel auf Erden.

Jersey Giant /7

Die enormen Formate der asiatischen Rassen wie Cochin oder Brahma hatten in der amerikanischen Geflügelzucht des 19. Jahrhunderts einen regelrechten „Größenwahnsinn" hervorgerufen. Allen Ernstes wurde diskutiert, ob neue Hühnerzüchtungen den Truthahn als Großgeflügel ablösen könnten. Als erster Schritt in diese Richtung galt eine Rasse, die die Brüder John und Thomas Black in New Jersey zwischen 1870 und 1890 entwickelten. Sie bestand aus schwarzen Brahmas, schwarzen Javas (die erste Rasse, die in den USA aus asiatischen Hühnern unbekannter Herkunft gezüchtet worden war und bereits 1835 erwähnt wurde) sowie schwarzen Croad-Langschan-Hühnern (eine Rasse aus dem chinesischen Langshan, die 1872 durch Major F. T. Croad nach England gekommen war und dort weitergezüchtet wurde).

Die ersten Tiere aus der Zucht müssen eine gewaltige Größe und ein immenses Gewicht erreicht haben, Hähne wurden 5,5 Kilogramm, Kapaune sogar neun Kilogramm schwer. Damit waren die zu Ehren ihrer Züchter zunächst Black Giants und erst später Jersey Giants genannten Tiere die schwerste Hühnerrasse weltweit – und sind es bis heute geblieben. Doch trotz anfänglicher Erfolge in der Fleischproduktion erwies sich die Zucht auf Riesenhühner als Sackgasse; die Tiere benötigen viel eiweißhaltiges, also teures Futter. Zudem weisen die modernen Hybridhühner eine deutlich höhere Wachstumsleistung auf, also eine größere Wirtschaftlichkeit. Heute sind die Jersey Giants, deren Rassestandard erst 1922 in den USA zugelassen wurde (in Deutschland sogar erst 1985), und die mittlerweile nicht mehr nur in Schwarz, sondern auch in Weiß und Blau gezüchtet werden, wirtschaftlich ohne Bedeutung.

New Hampshire /8

Die Ankunft asiatischer Rassen in Europa und den USA führte bald in der Kreuzung mit alten Landschlägen zur Züchtung von Rassen, die neben einer guten Fleischleistung auch über eine gute Legeleistung verfügten. In den USA war in den 1880er- und 1890er-Jahren zunächst das Rhodeländer Huhn (Rhode Island Red) aus Kreuzungen von Cochin und Malaien, aber auch Italienern (eine alte italienische Legerasse) in Landschläge aus Rhode Island entstanden, heute wohl immer noch die bekannteste amerikanische Hühnerrasse. In England wurde Anfang des 20. Jahrhunderts das Sussex Huhn ebenfalls als Zweinutzungshuhn gezüchtet, aber mit mehr Konzentration auf die Fleischqualität, die manche sogar über die des Dorking Huhnes stellen.

Derartige Zuchtfortschritte führten dann in den 1920er-Jahren zur abermaligen Selektionierung der Rhodeländer, aus denen schließlich im gleichnamigen amerikanischen Bundesstaat das New Hampshire Huhn herausgezüchtet wurde. Es ist frühreifer, erzielt eine hohe Wachstumsgeschwindigkeit bei günstiger Futterverwertung, ist vital und von einer ausgezeichneten Fleischleistung bei guten Legeeigenschaften. Hähne werden bis zu vier Kilogramm schwer, Hennen bis zu drei Kilogramm. Der Rassestandard wurde 1935 anerkannt und die attraktiven Tiere mit ihren drei verschiedenen Schattierungen von Rotbraun wurden nicht nur in den USA sehr populär. Zuchttiere gelangten Ende der 1940er-Jahre auch nach Deutschland, wo sie nach ersten Anpassungsschwierigkeiten bald heimisch wurden und wegen ihrer Robustheit und Wirtschaftlichkeit andere Rassen, nicht zuletzt die Rhodeländer, verdrängten. 1948 zeigte die Rasse ihre Leistungsfähigkeit im „Chicken of Tomorrow"-Wettbewerb in den USA, bei der die Geflügelindustrie des Landes die besten Linien für kommende Zuchtprogramme ermitteln wollte. Er stellt den eigentlichen Beginn der modernen Geflügelzucht dar. Gewinner war eine Kreuzung von New-Hampshire-Hennen mit Red-Cornish-Hähnen.

Hühner in Deutschland

Lachshuhn [/9]

Wie um London herum, gab es auch im Speckgürtel von Paris traditionelle Zentren der Geflügelzucht, um den enormen Hühnerbedarf der Hauptstadt zu decken. Im nahen Département Eure-et-Loir konkurrierten mit den nur zwanzig Kilometer voneinander entfernt liegenden Städtchen Houdan und Faverolles gleich zwei Städte mit eigenen Schlägen um die Gunst der Pariser. Dabei waren die Houdan Hühner, die unter anderem aus Dorkings und normannischen Crève-Cœurs, Frankreichs ältester Hühnerrasse überhaupt, entstanden sind, seit Jahrhunderten eingeführt. Bis die Nachbargemeinde auf die steigende Nachfrage reagierte und um 1860 in die Houdans der Region noch einmal Dorkings sowie die großen asiatischen Rassen Brahma, Cochin und Langschan einkreuzte.

Das Ergebnis war keinesfalls einheitlich, was wegen der hervorragenden Fleischqualität und der großen Nachfrage weder Händler noch Züchter besonders störte. Vor allem konnten die „Faverolles" genannten Tiere im Gegensatz zu den Houdans an die Käfighaltung gewöhnt werden. Das machte sie auch im Ausland attraktiv und deutsche Züchter nahmen sich der neuen Kreuzung intensiv an. Sie formten zum ersten Mal – mit Betonung eher auf der Zweinutzung als auf der reinen Fleischproduktion - einen einheitlichen Standard, der zunächst als „Faverolles foncée" gegenüber dem „Faverolles claire" (also dunkel versus hell) und 1915 als Lachshuhn, nach dem Zweiten Weltkrieg als Deutsches Lachshuhn (heute auch: Deutsche Faverolles) bezeichnet wurde.

Die bis zu vier Kilogramm schweren Hähne unterscheiden sich in den Gefiederfarben deutlich von den Hennen, wobei die lachsfarbenen Federn des in Deutschland namensgebenden Standardschlages vor allem bei den Hennen zu sehen sind. Aus der auffälligen Erscheinung kann man die Verwandtschaft herauslesen: die fünf Zehen von den Dorkings, die Bartbefiederung mit Halskrause von den Crève-Cœurs und das dichte Körpergefieder von den asiatischen Rassen. Durch die waagerechte Schwanzhaltung lässt sich der deutsche Typ vom französischen (und englischen, der ebenfalls zu Beginn des letzten Jahrhunderts entstanden ist) unterscheiden.

Ramelsloher [/10]

Auch in der Nähe von Hamburg gab es ein Zentrum der Geflügelproduktion: die sogenannten Vierlande. Neben den heute noch bekannten Vierländer Gänsen existierte dort lange ein alter Landhuhnschlag, die Vierländer Landhühner. Der Hamburger Reeder Wichmann kreuzte in diesen eher leichten Schlag spanische Mittelmeerhühner wie Andalusier, aber auch asiatische Cochin Hühner ein. Seine Ergebnisse präsentierte er 1874 erstmals auf einer Zuchtschau unter dem Namen Ramelsloher, nach dem Ort in Niedersachsen, wo die ersten seiner Vierländer Elterntiere herstammten.

Der Standard wechselte in den kommenden Jahrzehnten, das Ergebnis waren etwas schwerere Tiere (Hähne 2,5 bis drei Kilogramm), die bei hervorragender Legeleistung der Hennen auch eine gute, qualitativ hochwertige Fleischausbeute einbrachten. Die früh Federn ansetzenden Jungtiere ermöglichten die beliebte Stubenkükenzucht, bei der die im Winter geschlüpften Küken an den Öfen der bäuerlichen Wohnstuben großgezogen und gemästet wurden, um dann in den ersten Frühlingstagen auf den Hamburger Märkten verkauft zu werden. Dabei erreichten die etwa zwei Monate alten Jungtiere ein Gewicht zwischen 300 und 500 Gramm und lieferten ein Fleisch von zartrosa Farbe und viel gerühmter Zartheit.

Zwischen 1880 und 1920 war die Rasse in der Region sehr verbreitet und um die Jahrhundertwende ein äußerst begehrtes Wirtschaftshuhn im Deutschen Reich. Nach dem Beginn der industriellen Geflügelproduktion Anfang der 1960er-Jahre spielten die Ramelsloher Hühner als Nutzgeflügel keine Rolle mehr und gelten heute als stark gefährdet. Die lebhaften Tiere - ein Erbteil der Mittelmeerverwandtschaft -, deren Rassezeichen die intensive Blautönung von Läufen und Schnabel sowie die fast schwarzen Augen mit dem schwarzen Lidring sind, existieren in den zwei Farbschlägen Weiß und Gelb.

Augsburger /11

Bereits das 19. Jahrhundert kannte die Sehnsucht deutscher Gourmets und Züchter nach den Fleischqualitäten französischer Hühner. In den 1860er-Jahren scheiterte der Augsburger Wachstuchfabrikant und Züchter Julius Meyer bei dem Versuch, die damals als eine der qualitativ wertvollsten Fleischrassen überhaupt geltenden La Flèche Hühner in Bayern heimisch werden zu lassen. Die schwarzen „Teufelsköpfe" aus dem Anjou, hinter die sich nicht wie in der Bresse eine starke Erhaltungsinitiative aus Köchen, Züchtern und Händlern gestellt hatte und die heute leider sehr selten geworden sind, ist eine alte Rasse aus normannischen Crève-Cœurs und spanischen Hühnern, die schon im 15. Jahrhundert erwähnt worden war.

Um die Tiere robuster zu machen, kreuzte Meyer die heute ausgestorbenen schwarzfüßigen Lamotta Hühner aus Italien in seinen Bestand ein – die Augsburger genannten Tiere schienen sich bald in Schwaben sehr wohl zu fühlen. Vor allem aber brachte die Kreuzung zwei ungewöhnliche Merkmale hervor, einmal die reinweißen Ohrscheiben und den sogenannten Becher- oder Kronenkamm, ein Kamm, der sich nach der ersten oder zweiten Zacke teilt und erst weiter hinten wieder schließt, sodass der Eindruck einer Krone entsteht. Entwickelt hat sich diese Kammform aus der Verbindung des klassischen Kamms der Lamotte Tiere und dem charakteristischen V-Kamm (auch „Teufelshörner") der La Flèches. Da dieser Kamm aber spalterbig und nicht reinerbig ist, das heißt bei Kreuzung zweier Merkmalsträger nur an jedes zweite Küken vererbt wird, wurde um 1900 die Weiterzucht vom zuständigen Bayerischen Landwirtschaftsamt untersagt, was beinahe das Aus für die Augsburger bedeutet hätte.

Heute ist der Bestand von Bayerns letzter Hühnerrasse stark gefährdet, aber immerhin kümmert sich eine Initiative unter dem Schirm von Slow Foods „Arche des Geschmacks" um den Erhalt, in die übrigens auch Ramelsloher und Sundheimer aufgenommen worden sind. Das lohnt sich nicht nur für die Züchter, denn das Zweinutzungstier ist leicht zu mästen, auch wenn es eine extensive Haltung benötigt und nur langsam heranwächst. Der Geschmack des recht dunklen Fleisches ist vorzüglich und erinnert manche leicht an Wild.

Sundheimer /12

Auch wenn das Sundheimer Huhn die einzige in Baden entwickelte Hühnerrasse ist, so ist seine Geschichte doch eng mit Frankreich verbunden und ohne den dort entwickelten Standard bei der Fleischproduktion kaum denkbar. Schon seit sehr langer Zeit war das sogenannte Hanauerland, ein ehemaliges Herrschaftsgebiet nördlich von Straßburg auf linksrheinischer (heute französischer) Seite und um Kehl in Mittelbaden auf rechtsrheinischer (heute deutscher Seite), ein wichtiges Produktionszentrum für Geflügel. Insbesondere Fleischrassen mit braunen Eiern wurden von dort an anspruchsvolle Straßburger Bürger und Gastwirte geliefert.

Ende des 18. Jahrhunderts wurden in die Landschläge schwere Kämpferrassen, vermutlich aus Belgien oder Nordfrankreich eingekreuzt, ab 1855 auch die asiatischen Brahmas und Cochins. Die entstandenen Masthühner waren vital und robust, aber auch etwas vierschrötig, sodass man sie 1870 wiederum mit Hühnern aus dem nördlich von Straßburg gelegenen Dorf Wantzenau paarte. Die Wantzenauer Hühner stammten aus Landschlägen der Gegend, die mit Houdans gekreuzt worden waren. Das Resultat war ein feinknochiges Tier, das Hanauer Fleischhuhn. Mit seinem zarten Fleisch bot es der Kundschaft im Elsass und in den Kurorten des nahen Schwarzwaldes die richtige Delikatesse. 1886 spaltete sich eine Reihe von Züchtern vom Hanauer Züchterverband ab und begründete die Zucht des Sundheimer Huhnes ausschließlich mit dem als hellbrahmafarbig bezeichneten Farbschlag. Als das Elsass nach dem Ersten Weltkrieg an Frankreich fiel und als Markt verlorenging, wurde die Rasse in Richtung deutsches Zweinutzungshuhn umgezüchtet (Hähne werden bis zu 3,5 Kilogramm schwer). Durch die Ereignisse des Zweiten Weltkriegs ging der Bestand stark zurück und trotz lokaler Züchterinitiativen ist die Rasse heute noch immer stark gefährdet.

GEFLÜGEL

Österreichische Hühner

Altsteirisches /13

Nach Frankreich hat vor allem Österreich in der Fleischgeflügelzucht einen Namen, was wohl auch daran liegt, dass das „Wiener Backhendl" eine der großen landestypischen Spezialitäten ist. Insbesondere in der Steiermark – wo das Gericht dann auch „Steirisches Backhendl" heißt - gab es eine jahrhundertealte Tradition der Geflügelzüchtung. Erste Abbildungen des Steirischen Huhns, eines alten Landhuhnschlages aus Slowenien und der Steiermark, finden sich bereits im 13. und 14. Jahrhundert. Nachdem im 19. Jahrhundert asiatische Cochin Hühner auch in die österreichische „Ostmark" gelangten, wurde zunächst unkontrolliert gekreuzt, bevor man 1894 dann eine Musterbeschreibung des „Altsteirischen Huhnes", die an die alte Landhuhnform angelehnt ist, veröffentlichte. 1897 begann zunächst im slowenischen Celje (deswegen hieß das Huhn zeitweise Celje Huhn) und 1898 in Graz die Reinzucht. 1902 wurde die Rasse wieder in Steirer Huhn umbenannt, bevor es dann nach dem Zweiten Weltkrieg „Altsteirisches Huhn" hieß. Die Hühner sind von kräftigem, mittelschwerem Landhuhnschlag (Hähne bis 3,5 Kilogramm), ein sehr genügsames Zweinutzungshuhn das viel Auslauf benötigt. Die Hennen erkennt man an ihrem Federschopf hinter dem Kamm. Auch wenn das „Steirische Backhendl" als Gericht unverändert populär ist: Die Rasse ist gefährdet, sowohl der wildfarbenbraune als auch der sehr seltene weiße Schlag.

Sulmtaler /14

Am Beispiel des Sulmtaler Huhnes wird deutlich, welche Schwierigkeiten der Haltung alter Nutzgeflügelrassen gegenüberstehen. Um 1900 züchtete der Österreicher Armin Arbeiter aus alten Steirischen Landhuhnschlägen des Sulmtales und des Saggautales, in die ganz uneinheitlich schwere asiatische Tiere eingekreuzt worden waren, und wo die Tiere traditionell mit Mais gemästet wurden, ein schweres Zweinutzungshuhn mit dem Fokus auf Fleischqualität und Mastvermögen. Damit sollte an die große Tradition der steirischen Hähnchenfleisch- und insbesondere der Kapaunproduktion angeknüpft werden, als Tiere an viele Fürstenhöfe Europas versandt wurden.

Nach der Anerkennung und den zeitweise großen Erfolgen musste 1957 die Züchtungsanstalt Dornegg bei Graz wegen der zunehmenden industriellen Hühnerproduktion schließen. Erst Ende der 1980er-Jahre erinnerten sich einige Züchter der gefährdeten Rasse und es wurde sogar eine eigene Vermarktungsagentur gegründet. Doch bei einer im Schnitt 200 Tage erfordernden Aufzucht der Tiere bekommt man automatisch Probleme mit den dann vier Kilogramm schweren Hähnen: Sie werden aggressiv und stören durch sehr lautes Krähen.

Werden in der industriellen Haltung die männlichen Küken einfach geschreddert, so wollte man sich bei den Sulmtaler Tieren durch „Kapaunisierung" behelfen. Da das in Österreich wie in Deutschland verboten ist, wurde ein Teil der Hähne nach Slowenien gebracht und dort kastriert – was heftige Proteste von Tierschützern auslöste. Die Folge: Der Vertrieb und der Tierbestand brachen zusammen. Heute sucht man nach Alternativen zur chirurgischen Kastration, denn das Thema Hähnehaltung ist eines der zentralen Probleme, die es zu lösen gilt; wenn es auch beim Nutzgeflügel weiterhin eine Vielfalt an Rassen geben und die Zucht langsam wachsender, hochwertiger Fleischhühner eine Zukunft haben soll.

Hybride

Hybride /15

In Deutschland war noch einige Jahre nach Ende des Zweiten Weltkriegs die Reinzucht nach dem Geflügelherdbuch üblich. Dafür war neben einer zeittypischen Vorliebe für „Reinrassigkeit" auch die Tatsache verantwortlich, dass die Deutschen zu diesem Zeitpunkt noch keine großen Geflügelesser waren, im Gegensatz etwa zu Amerikanern oder Franzosen. Aus diesem Grund erreichten die enormen Geflügelzuchterfolge die BRD erst mit einer gewissen Verspätung.

Tatsächlich hatte bereits im Jahr 1905 der Brite William Bateson die Schriften Gregor Mendels „neu" entdeckt und die moderne Genetik begründet. Sein Schüler und Kollege Reginald Punnett nutzte die neuen Erkenntnisse, um 1929 in England die Hühnerrasse Cambar zu züchten, bei der sich männliche und weibliche Küken vom ersten Tag nach dem Schlupf an aufgrund unterschiedlicher Flaumfarben unterscheiden ließen – die erste sogenannte Cambridger Kennhuhnrasse. Nicht nur wurde es für die Geflügelzüchter nun wesentlich schneller möglich, die weiblichen Küken als „Legehühner" zu identifizieren, zugleich wurde damit die Grundlage geschaffen für die moderne Spaltung der Zucht in „Lege-" und „Fleischrassen" („Layer" versus „Broiler") – und das Ende der traditionellen Zweinutzungsrassen begründet.

In Amerika zogen Maisfarmer weiteren Nutzen aus der Kenntnis der modernen Genetik. Man erkannte, dass in Inzucht gekreuzte Maispflanzen nach einigen Generationen schwächere Leistungen erbringen, dass aber die Kreuzung zweier unterschiedlicher Inzuchtlinien herausragende Resultate erzielt (die allerdings nicht vererbbar sind): der sogenannte „Heterosis-Effekt". Nachdem 1928 erste solche Maishybride große Erfolge hatten, waren es die gleichen Produktionsfirmen, die mit Hybridhühnern experimentierten. Mit Beginn der 1940er-Jahre sollten diese die Geflügelproduktion von Grund auf revolutionieren, zunächst in den USA, seit den Fünfzigerjahren weltweit. Heute sind intensiv gehaltene und extrem schnell wachsende Hybridmasthühner, wie „Ross 308" oder „Cobb 500", weltweit führend in der Fleischproduktion. Sie erreichen einen Brustfleischanteil von knapp 27 Prozent sowie ein Gewicht von etwa 1,7 Kilogramm nach 28 und 2,7 Kilogramm nach 40 Tagen (Ross 308).

Sasso /16

Nachdem in Deutschland Ende der 1950er-Jahre der Bedarf an magerem Hühnerfleisch deutlich anstieg, zugleich aber deutlich wurde, dass mit den klassischen Verfahren der Reinzucht kaum mehr züchterische Fortschritte zu erzielen waren, kam es zu drastischen Änderungen in der Geflügelzucht. Doch das von Bund und Ländern stark unterstützte „Deutsche Zuchtprojekt" von 1960 – ein Zusammenschluss deutscher Züchter, um der Konkurrenz aus dem Ausland gewachsen zu sein – übertrug lediglich die amerikanischen Entwicklungen auf den heimischen Markt bzw. führte zu Kooperationen deutscher und amerikanischer Konzerne. Für Frankreichs Landwirtschaft bedeuteten die amerikanischen Zuchterfolge eine wesentlich größere Herausforderung. Landwirtschaftliche Produkte waren für die Grande Nation der wichtigste Exportartikel: das „grüne Öl", wie es der ehemalige Staatspräsident Giscard d'Estaing einmal bezeichnet hat. Und doch überrollten konkurrenzlose Hybridzüchtungen auch Frankreich, sodass Ende der Sechzigerjahre nur noch sechs Prozent der Fleischhähnchen französischer Herkunft waren.

Dies voraussehend, hatte bereits in den Fünfzigerjahren das INRA (Institut national de la recherche agronomique) den Plan gefasst, eine leistungsfähige französische Geflügelrasse zu schaffen. Ende des Jahrzehnts gelang es, die Genetik von Zwerghühnern in klassische Rassen einzukreuzen, die dadurch einen verminderten Futterbedarf hatten und so den anglo-amerikanischen Hybridtieren gegenüber konkurrenzfähig wurden. In den 1960er-Jahren wurden diese Hühner in das staatliche „Label Rouge"-Programm aufgenommen, das qualitativ hochwertige französische Lebensmittel schützt, indem es hohe Standards für Herkunft und Produktion setzt: bei Hühnern etwa langsames Wachstum und Boden- bzw. Freilandhaltung. Heute dominiert der Genetik-Konzern SASSO die französische Hühnerzucht, insbesondere bei den alten „farbigen" Rassen des Südwestens in einer beeindruckenden Vielfalt.

Enten

GEFLÜGEL

1

Pommernente /1

Enten sind nach den Hühnern das wohl am engsten mit dem Menschen verbundene Geflügel. Sie wurden aber erst verhältnismäßig spät domestiziert, in Europa wohl um die Zeitenwende. Alle Hausenten stammen von der Stockente ab (Anas platyrhynchos) – die als „Wildente" zum Wildgeflügel zählt – und weisen, wenngleich größer, schwerer und behäbiger, vielfach noch immer deren charakteristisches Gefieder auf. Die Weibchen sind grau-braun und die Erpel glänzen im Prachtgefieder, insbesondere mit dem markanten grünmetallischen Hals und dem violett-blauen Spiegel quer über dem Flügel.

In Europa war die Zucht von Enten als Wirtschaftsgeflügel nie so bedeutend wie die Gänsezucht. Dennoch gab es, gerade in Norddeutschland, Regionen, in denen lokale Landschläge überregionale Bedeutung erlangten, wie in Mecklenburg, um Braunschweig oder in Schleswig-Holstein. Pommernenten gelten als älteste noch existierende deutsche Zuchtrasse – rein aus europäischen Landschlägen, ohne die Einkreuzung asiatischer Rassen entstanden – mit ihrem charakteristischen weißen Brustfleck („Latz") in den Farben Blau und Schwarz. Wie auch die anderen aus alten Landschlägen hervorgegangenen Entenrassen wurde sie von den Bauern der Region, dem bis 1815 schwedischen Pommern (daher auch der alte Name: Schwedenente), wohl seit dem 18. Jahrhundert und ab etwa 1850 planmäßig auf Legeleistung und Mastfähigkeit gezüchtet. Sie ist also eine klassische Zweinutzungsente die ausgewachsen bis drei Kilogramm schwer werden kann und deren Fleisch als ausgesprochene Delikatesse gilt. Als Weideente eignet sie sich nicht zur Massentierhaltung, die Bestände sind, nicht zuletzt durch Krieg und deutsche Teilung, stark zurückgegangen, heute gilt die Rasse als akut vom Aussterben bedroht.

Rouenente /2

Ein Kenner hat einmal geschrieben: „In jeder Geflügelkategorie besitzt Frankreich eine einstimmig im Ausland anerkannte Rasse: für die Hühner ist es die Bresse, für die Gänse die von Toulouse und für die Enten die von Rouen." Tatsächlich sind Rouennaiser Enten die am perfektesten zur Mastente selektionierte Form der wilden Stockente, auf Französisch „Canard colvert" (von „col vert" = „grüner Hals"), und tatsächlich trägt sie auch auf vollendete Art deren Wildfarben zur Schau.

Diese normannischen Enten sollen bereits im 16. Jahrhundert aus schweren Landschlägen auf Masse gezüchtet worden sein. Im letzten Drittel des 19. Jahrhunderts erreichten die Erpel Gewichte von 3,5 Kilogramm. Da sie aber durch einige moderne Rassen verdrängt zu werden schienen, wurden sie um 1910 von dem Züchter René Garry durch

Einkreuzungen von Wildenten mit dem Zuchtziel „Volumen" quasi „regeneriert". Rouen-Clair-Erpel erreichten 1920 bereits Gewichte von 4,5 Kilogramm. Heute werden wesentlich häufiger Jungenten („Canetons") vermarktet, die in acht bis zehn Wochen auf 2 bis 2,5 Kilogramm gemästet werden.

Das Fleisch ist außergewöhnlich wohlschmeckend und seine Qualität wird wohl von dem keiner anderen Ente übertroffen – auch wenn es Gourmets gibt, die die Frühmastenten aus Duclair, 20 Kilometer westlich von Rouen gelegen, bevorzugen (die übrigens, mit dem dunklen Federkleid und dem weißen Latz, wesentlich zur Entstehung der Pommernente beigetragen zu haben scheinen). Die besten Qualitäten werden als Blutenten („Canards au sang") auf den Markt gebracht – eine Praxis, die in Deutschland verboten ist. Dabei wird die Ente nicht geschlachtet, sondern erstickt, wodurch das Blut im Körper verbleibt. Man muss für sich entscheiden, ob man das ethisch akzeptiert. Aber rein kulinarisch ist es eine Sensation: tiefrotes Fleisch von einer sensationell zarten Saftigkeit und Aromatik. Eine der berühmtesten Zubereitungsformen für Entenfleisch überhaupt, „Canard à la Rouennaise", wird mit diesen Canards au sang zubereitet – mithilfe einer klassischen Entenpresse, die das ganze Aroma der Entenkarkasse an die Sauce weitergibt.

Pekingente /3

Die Domestizierung der Stockente zur Hausente fand in China wohl noch 1.000 Jahre vor der in Europa statt. Dabei entstanden verschiedene Rassen, die sich vor allem durch ihre aufrechte Körperhaltung von den europäischen Landenten unterscheiden, deren Rückenlinie eher in der Waagrechten verläuft. Während die steil aufragenden, fast pinguinartigen Laufenten in Asien vor allem als Legeenten geschätzt werden, wurde aus der 1872/73 in die USA und England (Deutschland 1877) gelangten Pekingente die wirtschaftlich wichtigste klassische Mastentenrasse der Welt.

Die Züchter aus USA, England und Deutschland erkannten von Anfang an die überlegeneren Zuchteigenschaften der asiatischen Rasse gegenüber denen der einheimische Landschläge und formten jeweils eigene nationale Zuchtrichtungen. Dabei war die amerikanische zunächst die mit Abstand erfolgreichste – die sogenannte „Deutsche Pekingente" spielte als Nutzgeflügel nur bis Mitte des letzten Jahrhunderts eine Rolle, seitdem nur noch in der Rassezucht, das heißt als Ziergeflügel. Wichtigste Erfolgsfaktoren waren neben der Wirtschaftlichkeit und enormen Mastfähigkeit bis zu 4,5 Kilogramm Gewicht auch die sehr hohe Qualität der Daunen, die an die von Gänsen heranreichte. Darüber hinaus wurden Enten mit weißem Federkleid vom Verbraucher bevorzugt, da dunkle Federn nach dem Rupfen „unappetitliche" Stoppeln hinterlassen.

Pekingenten haben in der Zucht die alten regionalen Rassen fast völlig verdrängt und werden heute auch in der Freilandhaltung gerne eingesetzt – teilweise unter dem Namen der alten Landschläge. In Deutschland zeigen insbesondere die Vierländer und Oldenburger Enten deutlich die Pekingenten-Genetik. Vor allem aber werden die Pekingenten heute in großem Umfang weltweit intensiv in Bodenhaltung gemästet – als Standardprodukt in sechs bis sieben Wochen und mit einem Mastendgewicht von 3,5 Kilogramm. Der wichtige Brustmuskelanteil ist dabei, insbesondere beim Weltmarktführer, der Cherry Valley Ente, extrem optimiert (früher bei 10, heute bei 18,3 Prozent), bei gleichzeitiger Reduzierung des Fettanteils.

Flugente /4

Es entbehrt nicht der Ironie, dass die Entenrasse, die ein „barbarisch" in ihrem Namen trägt, eigentlich eine Haustierform ist. Denn die Warzen- oder Türkenente, wie die Barbarie-Ente früher in Deutschland hieß, ist die bereits von indigenen Völkern Südamerikas domestizierte Form der Moschusente, die ihren Namen einem mehrteiligen Höcker an der Schnabelwurzel verdankt, der ein an Moschus erinnerndes Fett absondert. Populär geworden ist die Warzenente aber vor allem durch den Namen „Flugente" – und natürlich ihr im Vergleich zu Landenten sehr mageres, dunkles und saftiges Fleisch.

Barbarie-Enten, die in den verschiedenen Farbvarianten weiß, grau, dunkel bis wildfarbig existieren, sind das Superschwergewicht der internationalen Entenmast. Dabei zeigt sich bei ihnen ein deutlicher Geschlechtsdimorphismus: Ausgewachsene Weibchen erreichen bis zu fünf, Erpel bis zu sieben Kilogramm. Obwohl erste Tiere bereits im 16. Jahrhundert nach Europa gelangten, dauerte es eine geraume Zeit, bis die überragenden Zucht- und Masteigenschaften der Rasse entdeckt wurden. Insbesondere Frankreich wurde im 20. Jahrhundert ein Zentrum der Flugentenzucht. Heute bestehen 75 bis 80 Prozent der dortigen Mastentenproduktion aus reinrassigen Barbarie-Enten und sie dominieren viele traditionelle Zuchtregionen, wie etwa die Bresse und das Challanais in der Vendée (Herkunft der berühmten Challans oder Nantaiser Enten). Dort haben sie die einheimischen Landschläge fast völlig verdrängt. Beste Qualitäten stammen aus Freiland-, der Großteil der Produktion freilich aus Intensivtierhaltung. Der weltweite Zuchttiermarkt wird fast vollständig von den verschiedenen Varietäten des Anbieters Grimaud beherrscht.

Ebenfalls als Flugenten kommen die Mulardenenten auf den Markt (von französisch: mulard, Maulesel), eine Kreuzung großer Warzenerpel mit schweren weiblichen Pekingenten (teilweise auch anderen Hausenten, wie Rouenenten). Als Hybridtiere sind sie unfruchtbar, finden aber etwa in Frankreich häufig in der Mast Verwendung und eignen sich neben der Fleischerzeugung auch gut für die Stopfleberproduktion.

GEFLÜGEL

Gänse

Emder Gans /1

Gänse wurden in Europa schon in vorgeschichtlicher Zeit domestiziert, deutlich früher als die Enten. Bereits germanische Stämme trieben von den Küstenregionen Vögel über die Alpen ins antike Rom, wo sowohl die Daunen als auch das Fleisch – insbesondere die Stopflebern – sehr beliebt waren. Unter Karl dem Großen wurde es Pflicht, zum 11. November (dem Tag des Heiligen Martin) den Klöstern und Stiften Gänse als Abgabe abzuliefern – woraus später der Brauch der Martinsgans entstehen sollte. Nachweislich hat in Friesland und der Region um Bremen bereits im 13. Jahrhundert die älteste Züchtung eines Landgänseschlages stattgefunden: die der weißen Emder Gans (auch: Emdener Gans oder Schwanengans), die in späteren Jahrhunderten in die ganze Welt exportiert wurde und die wichtigste Ausgangsrasse der heutigen Mastgänse wurde.

Einstmals eine relativ schlanke Gans, wurde sie in England – wo sie auch den heutigen Namen „Emder Gans" erhielt – züchterisch selektiert, sodass sie heute als schwerste deutsche Gans gilt, mit Mastgewichten bis zu 15 Kilogramm und mehr, die sie freilich nur auf fruchtbaren Marschwiesen erreicht. Unverändert blieben ihre schwanenähnliche Figur und die Haltung mit dem langen, s-förmigen Hals, welche zugleich ihre wichtigsten Kennzeichen sind. Da die Ansprüche an ihre Umgebung die Rasse unter wirtschaftlichen Gesichtspunkten nicht eben vorteilhaft erscheinen lassen, zumal ihre Größe nicht mehr den Anforderungen moderner Kleinfamilien entspricht, ist die Population der Emder Gänse enorm geschwunden und es besteht akuter Handlungsbedarf zur Sicherung dieser Rasse.

Eher noch dem älteren Typus einer leichteren Brutgans entsprechen die ebenfalls weißen Diepholzer Gänse, ein Ende des 19. Jahrhunderts gezüchteter Landschlag aus den an Südoldenburg angrenzenden Teilen von Hannover. Von ihnen wurden vor dem Zweiten Weltkrieg noch große Herden auf Gemeinschaftswiesen im Raum um die ehemalige Grafschaft Diepholz gehalten, bis sie in den Sechzigerjahren fast verschwanden. Heute bemüht sich eine regionale Initiative um die Renaissance der Rasse.

Pommern Gans /2

Die Gans ist ein Vogel des Nordens, ihren Verbreitungsschwerpunkt hat sie sogar in der Arktis, wo die meisten Arten brüten. Vielleicht ist das ein Grund dafür, dass die Landgänse als einzige Geflügelart hierzulande nicht von „asiatischen Rassen" genetisch beeinflusst wurden. Auch die internationale Rasseausbildung ging von europäischen Vögeln aus, obwohl es doch auch in China eigene domestizierte und wirtschaftlich erfolgreiche Arten, wie die Höckergans, gibt.

Die Wildform der europäischen Landgans ist die Graugans, die als Wildgans vermarktet wird, und von ihr stammt auch das klassisch graue Gefieder, das viele Landgänse zumindest noch teilweise tragen. Tatsächlich ist die genetische Variation der zahmen Abkömmlinge der Graugans gering, sodass Zoologen eigentlich nicht von verschiedenen Rassen sprechen. Es hat nur wenige Regionen gegeben, wo es zur Bildung von signifikanten Landschlägen kam, die sich von den üblichen Hausgänsen in Größe, Gewicht und Färbung markant unterschieden haben.

Ein sehr alter, schwerer deutscher Landgänseschlag, der etwa seit 1300 selektiert wurde, und der in der dominierenden grauen bzw. grau gescheckten Zeichnung sehr an die Graugans erinnert, ist die Pommern Gans (auch: Rügener Gans) aus Vorpommern und der Uckermark. Ungemästet kann sie nach etwa 26 Wochen bis zu acht, gemästet sogar bis zu 13 Kilogramm schwer werden. Als eine der wenigen Schläge wurde der Rassestandard der ausgesprochenen Weidegans 1912 vom Bund Deutscher Rassegeflügelzüchter anerkannt.

Deutsche Legegans /3

Interessanterweise war es die ehemalige DDR, wo man sich in Deutschland am intensivsten mit moderner Gänsezucht auseinandergesetzt hat. In Sachsen hatte man schon in den Dreißigerjahren des 20. Jahrhunderts mit der Zucht der Deutschen Legegans begonnen, seit 1941 als Herdbuch-Zucht. Das Ziel war, aus weißfiedrigen Landgänsen der Region als Ausgangstieren einen neuen Schlag mit besonders guter Legeleistung, überdurchschnittlichem Federertrag und gutem Fleischansatz zu selektieren.

1975 schrieb DDR-Züchter Fritz Juhre: „Warum Legegans? Da uns im Hinblick auf die bessere Versorgung unserer werktätigen Menschen mit Gänsefleisch, Gänsefett und Bettfedern besonders gelegen ist, lag nichts näher, als eine Legegans herauszuzüchten, die ihren Namen - im Gegensatz zu den vielfach so gepriesenen Viellegern unkontrollierbarer Herkunft - wirklich verdient." 1982 wurde dann im staatseigenen Geflügelzuchtbetrieb Wermsdorf/Mutzschen – damals einer der größten Gössel-(= Gänseküken)lieferanten Europas, insbesondere nach Polen und Ungarn – der optimale Zuchttypus erreicht. Er drohte nach der Wiedervereinigung in Vergessenheit zu geraten.

Der Unternehmer Lorenz Eskildsen, der bereits Geflügelbetriebe in Norddeutschland besaß, übernahm Anfang der 1990er-Jahre unter anderem den Betrieb in Wermsdorf und knüpfte an die DDR-Zuchttradition wieder an. Heute wird hier zum einen die mittlerweile im Bestand extrem gefährdete Deutsche Legegans aktiv weitergezüchtet. Vor allem aber bildet die Deutsche Legegans nun gemeinsam mit anderen Schlägen, wie Dänengänsen aus Dithmarschen und Oberlausitzer Landschlägen, die Großvaterlinien der modernen Hybridgänse „Eskildsen schwer" und „Eskildsen super schwer". Seit 1994 in 3-Wege-, heute auch in der 4-Wege-Kreuzung in einem der führenden europäischen Gänsezuchtbetriebe.

Toulouser Gans /4

Auch Frankreich hat eine Reihe Gänserassen hervorgebracht, wobei durch das zusätzliche – und in Deutschland aus Gründen des Tierschutzes nicht erlaubte – Zuchtziel einer möglichst großen (Stopf-)leber weitere Varietäten entstanden sind. Ganzer Stolz der Nation ist die Toulouser Gans aus dem Südwesten Frankreichs, die bereits 1555 Erwähnung fand. Aber erst in England wurde sie zu einem festen Schlag herausgebildet, nachdem sie durch Lord Derby 1840 importiert worden war. Heute wird die graue Landgans in zwei Linien gezüchtet: die sehr schweren, industriell genutzten „Oies de Toulouse à bavette", mit der charakteristischen Hautfalte, der „Wamme", unter dem Schnabel. Sie können zwölf Kilogramm schwer werden und Lebern von etwa einem Kilogramm Gewicht erzeugen. Die zweite Linie sind die etwas leichteren, landwirtschaftlich genutzten „Oies de Toulouse sans bavette".

Gerade in der landwirtschaftlichen Produktion bestand aber auch ein großer Bedarf an kleineren Tieren und so wurde im Südwesten Frankreichs aus Landschlägen die Landes Gans in der gleichnamigen Region selektiert. Im Unter-Elsass, ebenfalls traditionell ein Zentrum der Stopfleberproduktion, kam es zur Züchtung der leichten Elsässischen Gans als Kreuzung zwischen Graugans und chinesischer Schwanengans. Die Gänse aus der berühmten Bresseregion werden als „Oies de l'Ain" deklariert, weil die geschützte Herkunftsbezeichnung Bresse-AOC Hühnern und Truthähnen vorbehalten ist; bei ihnen handelt es sich aber auch nicht um einheitliche Schläge. Den Markt dominieren allerdings Hybridgänse der weißen Sorte G 35/G 35 schwer (Daunen- und Fleischproduktion) sowie G 36 (grau) von Grimaud – insbesondere für die Stopflebermast.

3

GEFLÜGEL

Perlhuhn, Pute, Strauß

Perlhuhn /1

Das Perlhuhn war zuerst da. Zumindest war es im alten Ägypten und Griechenland bereits domestiziert, als noch keiner an das Haushuhn dachte. Die aus der afrikanischen Savanne stammenden Hühnervögel, die früher als Verwandte der Fasanenartigen galten – „Des Fasans zahme Cousine" –, sind tatsächlich unabhängig von diesen entstanden, zudem ist nur eine Art, das Helmperlhuhn (Numida meleagris) ein Haustier des Menschen geworden. Seinen Namen verdankt der Vogel den perlenartigen Mustern auf seinem Federkleid. Der englische Name „Guinea Fowl" verweist darauf, dass das Huhn nach dem Ende der Römerzeit in Europa ausgestorben war und von einem portugiesischen Seefahrer im 15. Jahrhundert aus Westafrika wieder hier eingeführt wurde.

Perlhühner werden heute besonders in Frankreich gezüchtet, wo man seit den 1960er-Jahren auch mit gezielten Qualitätsselektionen begann – heute gelten die Zuchtlinien Galor und Essor als führend. Der Weltmarktführer produziert jährlich etwa 50 Millionen Perlhühner, davon werden 10 bis 15 Prozent exportiert. In Deutschland existiert kaum eine nennenswerte Zucht, vielleicht auch, weil der Ruf des männlichen Tieres so durchdringend ist. Heimische Studien haben ergeben, dass Fleischausbeute und Sensorik nach sechs Wochen (also bei 600 Gramm schweren Küken, die traditionell als Rebhuhnersatz verkauft werden) und zwölf Wochen (circa 1.600 Gramm) am besten sind. Französische Perlhühner aus dem Label-Rouge-Programm werden dagegen nicht vor 94 Tagen geschlachtet, die Krönung der französischen Zucht, Perlhuhn-Kapaune aus dem Département Gers, sogar erst nach 154 Tagen. Geschätzt wird das recht helle (je jünger das Tier, desto dunkler das Fleisch) und fettarme Fleisch wegen seines zarten Wildgeschmacks.

Pute /2

Es sagt viel über die geografische Unkenntnis der Menschen der Frühen Neuzeit aus, dass die Truthähne, die Anfang des 16. Jahrhunderts Europa erreichten, „Türkische Hühner", „Turkeys", genannt wurden. Tatsächlich stammten die ersten dieser schweren Vögel (Meleagris gallopavo Linnaeus) aus Populationen aus Mittel- und Südamerika, wo Indianer die Tiere schon lange domestiziert hatten. 1533 kamen die ersten Tiere nach Deutschland, aber erst 1909 wurde hierzulande mit der Zucht begonnen (in England wurde bereits 1888 der lokale Truthahnzüchterclub gegründet). Truthähne werden nicht nach Rassen unterschieden, wobei man allgemein dem amerikanischen Geflügelzüchterverband folgte, der in seinem „Standard of Perfection" lediglich nach Farbschlägen („Varieties") und Gewichtsklassen unterschieden: also etwa zwischen den Farben Schwarz, Weiß, Rot oder Bronze sowie den Gewichtsklassen leicht, mittelschwer und schwer.

Die erste Zucht in Deutschland konzentrierte sich auf den Farbschlag, der am ehesten der Wildform des Truthahns entsprach, die Bronzepute, und hier insbesondere auf den mittelschweren Typus, der in extensiver Freilandhaltung ein zartes Fleisch bei guter Mastleistung liefert. Ab 1910 wurde darüber hinaus in Halle-Kröllwitz ein sehr erfolgreicher leichter Landputenschlag mit auffällig weißschwarzem Federkleid gezüchtet, die Cröllwitzer Pute. Beide Schläge gelten heute als gefährdet, aber auch als Hoffnungsträger für die Wiederbelebung der extensiven Haltungsform bei Puten.

Hybridpute /3

In den 1960er-Jahren war weltweit der Bedarf an fettarmem Geflügel immens gestiegen. Insbesondere der fleischintensive Truthahn (oder die Pute, wie man in Norddeutschland sagt) war dazu geeignet, beim Konsumenten anstelle des plötzlich als „fett" geltenden Schweinefleisches als „gesunde" Alternative zu treten. In der Folge änderte sich das Zuchtziel der seit den frühen Fünfzigerjahren existierenden gewerblichen Putenzuchtunternehmen hin zu möglichst preiswerten, schnell wachsenden Tieren mit maximaler Brustfleischausbeute. Deutschland wurde, nach den USA, der weltweit größte Putenfleischproduzent, mit etwa 525 Tausend Tonnen Fleisch von etwa 35 Millionen Mastputen im Jahr.

Die heute in der Intensivhaltung eingesetzten Tiere sind Hybridtiere und stammen aus Kreuzungslinien, deren Eigenschaften nicht vererbt werden. Für den Landwirt bedeutet das, dass er seine Zucht nicht auf diesen Tieren aufbauen kann, sondern von speziellen Züchtern immer neue Küken zur Mast kaufen muss. Über 90 Prozent sind dabei Tiere der Herkunft B.U.T. Big-6, eine weiße, schwergewichtige Pute, die nach etwa 20 Wochen ein Lebendgewicht von über 21 Kilogramm aufweist (Hähne) bzw. nach 15 Wochen über zehn Kilogramm (Hennen). Dieser extreme Fleischansatz der Tiere begünstigt eine ganze Reihe von Krankheiten, weswegen Tierschützer die moderne Putenmast sehr kritisch sehen. Tatsächlich sind die ökonomischen Zwänge so hoch, dass auch in der Bio-Produktion, die an sich nur knapp zwei Prozent ausmacht, überwiegend Big-6 Tiere eingesetzt werden.

Strauß /4

Vielen Völkern erschien der Strauß so ungewöhnlich, dass sie ihm den Zusatz „Vogel Strauß" geben mussten, um ihn eindeutig zuzuordnen. Tatsächlich ist das Tier, das eine eigene Gruppe innerhalb der Vögel bildet, die Struthioniformes – Laufvögel – (was sich übrigens von griechisch: „großer Spatz" ableitet), der größte und schwerste Vogel überhaupt. Schon in der Frühzeit wurde der Wert der Vögel entdeckt: Eier, Fleisch, Haut (als Leder) und die imposanten Federn.

Nachdem diese im 18. Jahrhundert als Hutschmuck der Damen in Mode kamen, wurden die Strauße in vielen Regionen ausgerottet, was nicht zuletzt dazu führte, dass ab 1838 die erste Straußenfarm in Südafrika entstand. Heute hat das Land einen Weltmarktanteil an Straußenprodukten von 75 Prozent und exportiert bis zu 96 Prozent des Fleisches in die EU, davon etwa 80 Prozent nach Deutschland. Hier gibt es seit 1991 die ersten Straußenfarmen. Deren Zahl stieg rapide an, als um 2001 während der BSE-Krise der Verbrauch von Straußenfleisch wegen seiner roten Farbe und dem rindfleischartigen Geschmack enorm zunahm. Das normalisierte sich später wieder, auch wegen der verhältnismäßig hohen Preise. Für viele Verbraucher verbindet Straußenfleisch aber nach wie vor die Vorzüge von Geflügel-, mit niedrigem Fett- und Cholesteringehalt, mit der Aromatik von Rind-, ja sogar Wildfleisch. Das Straußenfleisch (Steaks, Filet und Braten) kommt im Wesentlichen aus den Keulen und eignet sich neben dem Kurzbraten auch gut zum Marinieren. Fleisch aus Brust und Flügeln ist weniger interessant und findet vor allem als Wurst oder Gehacktes Verwendung. Schlachtreif sind Strauße im Alter von zwölf bis 16 Monaten und wiegen dann etwa 100 Kilogramm, wovon der Schlachtkörper etwa 50 Prozent ausmacht.

Fasan, Taube, Rebhuhn, Wachtel

GEFLÜGEL

1

Fasan /1

Der Fasan (Phasianus colchicus) ist ein Hühnervogel, dessen ursprüngliches Verbreitungsgebiet und das seiner verschiedenen Unterarten sich vom Kaukasus bis nach Ostchina erstreckt. Einzigartig bei einer Hühnerart, ist es gelungen, ihn dauerhaft außerhalb seiner Heimat anzusiedeln, in Südeuropa bereits in der Antike, in Deutschland seit dem frühen Mittelalter. Früh war der schön befiederte Vogel ein außerordentlich beliebter Jagdvogel – bis zum 19. Jahrhundert zählte er zum Hochwild und als „König des Geflügels" war er eine ausgesprochene Delikatesse auf fürstlichen Tafeln. Um den Bestand zu erhalten, musste allerdings schon frühzeitig durch Auswilderung von Zuchtvögeln gegengesteuert werden: der Ursprung der zahlreichen Fasanerien in Mitteleuropa.

Neben diesen eigentlichen Wildfasanerien sind nach dem Zweiten Weltkrieg auch Zuchtfasanerien entstanden, um auch außerhalb der Saison die Konsumenten mit dem Wildgeflügel zu versorgen. Während in einigen Ländern Fasane in Käfighaltung gezogen werden, erfolgt das in Deutschland zumeist in Volierenhaltung. Die optimale Reife haben Masttiere nach 18 Wochen erreicht, wenn sie etwa ein Kilogramm wiegen, etwa 200 Gramm mehr als ein Wildtier vergleichbaren Alters. Vor allem Hähne kommen in den Verkauf, weil sie im Vergleich zu Hühnern in der Mast deutlich mehr an Gewicht zunehmen. Auch Tiere aus der Jagd sind fast immer männlich, um das natürliche Populationsverhältnis von eins zu fünf zu erhalten. Zuchtfasane mit ihrem hellen, erst mit zunehmendem Alter dunkleren Fleisch haben die Vorteile einer sozusagen „optimalen" einheitlichen Reife, einen höheren Brustfleischanteil, die ständige Verfügbarkeit und die „Schrotfreiheit" – allerdings weisen Vergleichsstudien auf leichte sensorische Vorteile des Wildbrets hin, also mehr Saftigkeit, Zartheit, Geschmack und besseren Gesamteindruck. In Zukunft wird man die beiden Linien Jagdfasan und Zuchtfasan wohl wesentlich deutlicher züchterisch unterscheiden.

Taube /2

Tauben sind sicherlich zum einen die Geflügelart, die in der Spielart der „Stadttaube" als „Ratte der Lüfte" den schlechtesten Ruf hat. Zugleich genießt sie aber bei uns – zumindest symbolisch – den höchsten emotionalen Stellenwert: als Friedens- oder (monogame!) Turteltaube, als Sinnbild des Heiligen Geistes. Vielleicht hängt es mit dieser Polarisierung zusammen, dass die Taube bei uns nur selten als delikater Fleischlieferant gesehen wird.

Tatsächlich wurden die domestizierten Formen der Felsentaube (Columbia livia) in der Kulturgeschichte der Menschheit schon sehr früh nicht nur als Ziervögel, sondern auch als Nutztiere betrachtet. In Taubenschlägen gehalten, waren sie insbesondere in Frankreich ein Vergnügen der Aristokratie, nach der Revolution von 1789 zunehmend auch eines des kleinen Mannes. Kein Wunder, dass vor allem aus französischen Landtaubenschlägen im 19. Jahrhundert die ersten, auch heute noch zu findenden Fleischtaubenrassen hervorgehen sollten (Mondain und Carneau). Spektakulär waren dann aber vor allem die Zuchterfolge in den USA um die Wende zum 20. Jahrhundert, die in der Folge die King- (siehe Foto), die Texaner- und die auch in der Gastronomie sehr beliebte Hubbel-Taube hervorbrachten. Diese waren auch die Grundlagen für die weit verbreiteten Euro-Tauben des Zuchtunternehmens Grimaud. Grundsätzlich werden Fleischtauben in mittelschweren und schweren Linien gezüchtet, mit einem Schlachttermin nach 28 Tagen und einem Lebendgewicht von dann etwa 640 bzw. 740 Gramm. Das dunkle, zugleich zarte und kräftige Fleisch mit der feinen Lebernote ist eine veritable Festtagsspeise.

Rebhuhn /3

Einst der „Königsbissen" des Feinschmeckers, ist das Rebhuhn hierzulande ein Phantom geworden. Nur noch etwa 1.900 Vögel wurden in der Jagdsaison 2018/19 in Deutschland erjagt, davon waren knapp zwei Drittel Fall- und Unfallwild. Da sich auf Deutschlands Feldern und Wiesen die Anzahl der Rebhühner von 2009 bis 2019 halbiert hat, hat das Rebhuhn in der Hälfte der Bundesländer eine ganzjährige Schonzeit. In Preußen vor dem Ersten Weltkrieg wurden noch 2,5 Millionen Exemplare im Jahr zur Strecke gebracht. Kein Wunder, dass die damaligen Kochbücher von Rezepten wie „Feldkükensuppe" oder der Zubereitung junger, sogenannter „Gabelhühner" schwärmen.

Es sind vor allem die Folgen der intensiven Landwirtschaft, die das Rebhuhn (Perdix perdix), ein Kulturfolger, der den Ackerbaukulturen von Asien nach Europa gefolgt ist, von hiesigen Feldern vertrieben hat. Versuche, in Volieren gezüchtete Tiere auszuwildern, haben sich als sehr schwierig erwiesen, und die wenig robusten Tiere haben größere Anstrengungen in der gewerblichen Zucht bisher verhindert. In die Gastronomie oder an Spezialanbieter gelangen daher als Frischware zumeist Vögel aus dem Ausland, etwa Nordengland, Frankreich oder Spanien – hier meist das sogenannte Rote Rebhuhn, bei dem es sich eigentlich um das verwandte Rothuhn (Alectoris rufa) handelt. Das ist bedauerlich, weil das dunkle Fleisch der etwa taubengroßen Vögel von großer Delikatesse ist, saftig und doch zart, mit gutem Wildgeschmack, der, wie Kenner versichern, denjenigen der Bekassine erreicht. Ihr Gewicht ist bei etwa 200 bis 300 Gramm optimal (gerupft), das entspricht etwa 18 Wochen Lebendalter. Deutlich ältere Rebhühner, erkennbar an nicht mehr leuchtend gelben, sondern graugelben bis grauen Läufen, eignen sich gut für Pasteten.

Wachtel /4

Wachteln sind die kleinsten Hühnervögel und als einzige von diesen Zugvögel. Als Unterfamilie der Fasanenartigen gehören sie zu den Feldhühnern, was sie naturgemäß zu dem Geflügel zählen lässt, auf das viel Jagd gemacht wird. Zumindest hierzulande gilt das nur für die Vergangenheit, denn der Bestand an Europäischen oder Feldwachteln (Coturnix c. coturnix) ist in Deutschland auf etwa 1.400 Brutpaare geschrumpft, sodass sie heute hier, im Gegensatz zu Südeuropa, nicht mehr bejagt werden dürfen.

Was an Wachteleiern und -fleisch angeboten wird, stammt dagegen aus Zuchtbetrieben, die Japanische Wachteln (Coturnix c. japonica) vermarkten. In Asien wurden Wachtelhähne schon seit dem 11. Jahrhundert vor allem wegen ihres Gesangs (besser: Schlages) in Käfigen gehalten, erst ab dem 18. Jahrhundert entdeckte man ihre Nutztiereigenschaften und begann mit der systematischen Zucht. Nach Europa, insbesondere Frankreich und Italien, gelangten diese Zuchttiere in den 1950er-Jahren. Heute werden sie in drei Linien (mit ganz unterschiedlichen Farbschlägen) gezüchtet: die leichten Legelinien für die Eierproduktion (die mit bis zu 150 Gramm etwa 50 Prozent schwerer sind als ihre wilden Verwandten), mittlere Zweinutzungsrassen um die 200 Gramm und schwere Fleischlinien, die als Mastwachteln bezeichnet werden, wenn sie am Ende gemästet werden und 300 bis 450 Gramm wiegen. In Deutschland dominieren Tiere aus Frankreich, sowohl in der gewerblichen Zucht als auch im Einzelhandel, weswegen sich eine Zeit lang der Name „Eurowachtel" eingebürgert hat. Das ist irreführend, denn selbstverständlich handelt es sich prinzipiell um Japanische Wachteln. In jedem Fall sind Hennen etwa nach fünf, Hähne nach sechs Wochen schlachtreif und liefern dann ein höchst delikates Fleisch mit einem herausragenden Brustfleischanteil von 40 Prozent.

GEFLÜGEL

Genuss und Vielfalt

Salat mit Putenbruststreifen: Der Erfolg dieser seit den 1990er-Jahren so überaus populär gewordenen Mahlzeit verdeutlicht unmittelbar, was wir heute mit Hühnchen, Pute & Co. verbinden: leicht zuzubereiten, gesund, fettarm – und nahezu geschmacklos. Wer aber die Qualität von Geflügelfleisch auf dessen Funktionalität und Nährwert reduziert, bringt sich um eine wesentliche Dimension von Essen: den Genuss. Egal, ob vor allem fettarm oder geschmackvoll – immer wird nach guter Fleischqualität verlangt. Und das bedeutet heute für viele: möglichst Bio.

> **GEFLÜGELFLEISCH BEDEUTET GENUSS UND VIELFALT – WENN DIE QUALITÄT STIMMT! ABER PASST DAS ÜBERHAUPT ALLES ZUSAMMEN? WAS BEDEUTET FLEISCHQUALITÄT BEI GEFLÜGEL – WAS MACHT DENN ETWA EINE PERFEKTE ENTENBRUST ODER EINEN GUTEN HÜHNERSCHENKEL AUS? UND IST „BIO" WIRKLICH BESSER?**

Tatsächlich sind ganz verschiedene Eigenschaften gemeint, wenn wir von Fleischqualität sprechen. Das, was wir allgemein unter „gutem Geschmack" verstehen, wird in der Fachsprache als Genusswert bezeichnet. Dieser meint die sensorisch-kulinarischen Eigenschaften des Fleisches: Zartheit und Geschmack, Aroma und Geruch, aber auch die Marmorierung und die Saftigkeit. Die beruht auf dem Safthaltevermögen, also der Fähigkeit des Fleisches, das in ihm enthaltene Wasser zu binden und nicht auszutrocknen.

Zu den weiteren Eigenschaften, die die Fleischqualität ausmachen, wird der Nährwert gezählt, also die Qualität der Inhaltsstoffe des Fleisches, wie Proteine, Fette, Mineralstoffe und Vitamine. Dann natürlich der Gesundheitswert, die Frage nach der Hygiene (Frische bzw. mikrobiologische Beeinträchtigung) und möglichen Verunreinigungen (etwa durch Schwermetalle, Antibiotika oder Pflanzenschutzmittel). Und schließlich noch den sogenannten Gebrauchswert, der verarbeitungstechnologische Faktoren, etwa das Wasserbindevermögen oder die Emulgierfähigkeit bei der Wurstherstellung bezeichnet.

Mit der Kritik an der modernen Nutztierhaltung trat für den Verbraucher neben dieser im eigentlichen Sinne „materiellen" Eigenschaft, die Produktqualität des Fleisches, eine eher ideelle, die sogenannte Prozessqualität. Allerdings nicht im Sinne abstrakt optimierter Abläufe, sondern einer möglichst am Tierwohl orientierten Fleischproduktion, die sich auf ganz unterschiedliche Bestandteile der Aufzucht und Mast bezieht und mit Begriffen wie extensiver Freiland- oder Bio-Haltung nur ganz verkürzt benannt werden kann.

Im Folgenden soll auf die verschiedenen Dimensionen von Fleischqualität ein Blick geworfen werden. Da an dieser mit dem Aufkommen der modernen Geflügelindustrie Mitte des letzten Jahrhunderts verstärkt Kritik aufkam, soll auch dargestellt werden, von welchen Faktoren diese Qualität überhaupt abhängt und welche Einflussmöglichkeiten es möglicherweise gibt, diese und insbesondere den Genusswert des Fleisches, wieder zu verbessern. Dabei sind derzeit vier Fragestellungen in der Diskussion: 1. die verwendeten Geflügelrassen, 2. die Art der Haltung, 3. Fütterung und Mast sowie 4. Tötung, Zerlegung und Fleischreifung. Auch auf sie soll auf den folgenden Seiten eingegangen werden.

Das Fleisch von Geflügel, mit Ausnahme von dem der Wasservögel, wie Enten und Gänse, wird gerne auch „weißes Fleisch" genannt, im Gegensatz zu „rotem Fleisch" wie das von Rindern, Kälbern, Schweinen, Lämmern und Schafen. „Rot" bezieht sich dabei auf den hohen Gehalt des in diesem Fleisch enthaltenen Myoglobins, ein Protein, das in bestimmten Muskeltypen Sauerstoff aufnimmt und wieder abgibt – Voraussetzung, um Energie zu erzeugen. In den Muskeln „weißfleischiger" Tiere dagegen wird diese Energie ohne Sauerstoff auf andere Weise gewonnen. Nun ist das in Myoglobin enthaltene sogenannte Häm, eine komplexe Eisenverbindung, für den Körper ein wertvoller Eisenlieferant, es steht aber seit langer Zeit im Verdacht, das Krebsrisiko zu erhöhen. Unlängst hat etwa die Weltgesundheitsorganisation (WHO) nach einer umfangreichen Studie rotes Fleisch in die Kategorie 2a, die möglicherweise krebserregenden Stoffe, eingeteilt – und rotes, verarbeitetes Fleisch (also etwa gepökelt oder in Wurstwaren) sogar in die Kategorie 1, die krebserregenden Stoffe. Allerdings muss man diese Aussage seinerseits richtig einordnen, weil das tatsächliche Risiko, durch den Verzehr des Fleisches krank zu werden, nur sehr gering ist – etwa im Vergleich zum Zigarettenrauchen – und stark von der durchschnittlichen Verzehrmenge abhängt.

Dennoch werden Meldungen wie diese weiter dazu beitragen, dass die Beliebtheit von Geflügelfleisch steigt. Dabei hält es aus ernährungsphysiologischer Sicht bereits zwei Trumpfkarten in der Hand: den niedrigen Fett- und den hohen Proteingehalt. Gerade beim sogenannten Magergeflügel, wie Huhn und Pute, erreicht der Fettanteil von jungen Tieren im Brustfleisch gerade einmal ein Prozent (im Straußenfleisch sogar nur 0,5 Prozent) – in der Keule und anderen Teilstücken ist der Anteil etwas höher. Beim Fettgeflügel, wie Enten und Gänse, die artbedingt mehr Fett unter der Haut bilden, erreichen die Werte aber schon einmal 17 (Enten) oder 31 Prozent (Gänse) – wobei man aber auch darauf hinweisen muss, dass Fett eben der wesentliche Geschmacksträger beim Fleisch ist. Der Proteingehalt erreicht dagegen Werte zwischen 16 (bei Gänsen) und 24 Prozent (in der Putenbrust, das eiweißreichste Fleisch überhaupt), und da dieses Eiweiß vom menschlichen Körper sehr gut und zumeist besser als Pflanzenprotein genutzt werden kann, ist es auch besonders hochwertig. Dazu kommen wichtige Vitamine (vor allem der B-Gruppe) und Mineralstoffe wie Magnesium. Die Menge an Cholesterin in mageren Teilstücken (bei höherem Fettgehalt steigt die Konzentration nur mäßig) entspricht etwa der von Rindfleisch und sollte nur für Menschen problematisch sein, die an Stoffwechselstörungen leiden. Da der niedrige Fettgehalt heute eines der wichtigsten Argumente für den Konsum von Geflügelfleisch ist, wurden seit Beginn der systematischen Züchtung Versuche unternommen, diesen zu reduzieren.

Dies betraf neben der Optimierung des Gehalts etwa von grundsätzlich fettreicheren Teilstücken wie Schenkeln insbesondere Geflügelarten, die biologisch bedingt insgesamt einen höheren Fettgehalt aufweisen, wie Enten und Gänse. So wurden moderne Rassen etwa mit möglichst geringen Fettpolstern unter der Haut gezüchtet – was dann aber auch negative kulinarische Folgen nach sich zog: zum Beispiel eine Haut, die beim Braten weniger kross wird. Insbesondere aber wurde versucht, das Fettsäuremuster, also das Verhältnis von gesättigten und einfach bzw. mehrfach ungesättigten Fettsäuren, zu verbessern, etwa durch entsprechende gezielte Fütterung. Den dadurch entstehenden Fleischkonsistenzproblemen (eine gewisse Schmierigkeit und kürzere Haltbarkeit) wird durch Vitamin-E-Beigaben zum Futter begegnet.

> **SEINE NÄHRWERTE MACHEN DAS GEFLÜGEL BELIEBT IN EINER ZEIT, IN DER ES NICHT AUF DEN ENERGIEREICHTUM DES ESSENS ANKOMMT, SONDERN GESUNDHEITSBEWUSSTSEIN UND DER WUNSCH NACH EINER SCHLANKEN FIGUR DOMINIEREN.**

Weißes Fleisch war zudem auch immer dann ein „Gewinner" bei Konsumenten, wenn seine rotfleischigen Konkurrenten im Blickpunkt von Lebensmittelskandalen standen, wie bei der Diskussion um die Hormonmast bei Kälbern, den PSE-Fleischfehlern beim Schwein oder der Rinderseuche BSE um das Jahr 2000. Allerdings ist auch das Geflügelfleisch immer wieder in den Blickpunkt von Verbraucherschützern geraten. Ein ständig wiederkehrendes Thema ist etwa der Ausbruch von verschiedenen Formen der Geflügelpest oder Hühnergrippe, einer aggressiven Tierseuche, die bis jetzt weniger den Konsumenten als vor allem betroffenen Hühnerzüchtern zusetzt. Bisher sind nur wenige Überschreitungen der Artengrenze, sprich die Ansteckung von Menschen erfolgt. Nach bisherigen Erkenntnissen jedenfalls ist eine Übertragung über durchgegarte Geflügel- und andere Fleischprodukte ausgeschlossen.

Ein großes Thema beim Umgang mit frischem oder gefrorenem Geflügelfleisch ist dessen mögliche mikrobielle Belastung. Die häufige mediale Präsenz etwa von Salmonellenvergiftungen hat bei vielen Verbrauchern eine Schwellenangst aufgebaut, die sie auf die Verarbeitung von Frischfleisch in der Küche verzichten und zu vorverarbeiteten Geflügelprodukten greifen lässt. Tatsächlich ist frisches Geflügelfleisch leicht verderblich, was mit der schnelleren „Reifung" von weißen Muskelfasern zu tun hat (genauer: dem beschleunigtem pH-Wertabfall). Die meisten Bakterienstämme wiederum kommen in der Regel natürlich und isoliert in der Darmflora der Tiere vor, verbreiten sich aber durch den Kot oder verletzte Tiere und können sich bei ungenügender Hygiene etwa auf den Federn ausbreiten. Ein möglicher Zeitpunkt der Verunreinigung ist dann insbesondere die Schlachtung und die auf diese folgenden Verarbeitungsschritte, zum Beispiel das Heißbrühen der Tierkörper vor dem Rupfen. So kommt es, dass in Untersuchungen von Hühnerfleisch aus dem Handel bis zu knapp 50 Prozent der geprüften Chargen mit

Keimen wie Campylobacter belastet waren. Während man für den Campylobacter noch kein wirksames Gegenmittel gefunden hat, ist die Abwehr von Salmonelleninfektionen in vollem Gang. So hat die EU 2008 ein Salmonellen-Bekämpfungsprogramm gestartet, das primär auf der Ebene der Geflügelhalter ansetzt. Tatsächlich beginnt das Programm zu greifen und die Befunde für die bekämpfungsrelevanten Salmonellentypen in Deutschland sind rückläufig.

> **DER WICHTIGSTE ORT DER BEKÄMPFUNG VON BAKTERIEN ABER IST DIE EIGENE KÜCHE, UND DAS MEINT EINE SORGFÄLTIGE KÜCHEN-HYGIENE.**

Folgendes sollte dabei selbstverständlich sein: keine Unterbrechung der Kühlkette, getrenntes Aufbewahren und Zubereiten des Fleisches, Reinigung aller mit dem Fleisch in Berührung kommenden Gegenstände, wie Messer und Küchenbretter sowie natürlich Hände, und schließlich das Durchgaren, das heißt die mindestens zweiminütige Erhitzung bei einer Kerntemperatur von 70 °C, bei der die Krankheitserreger absterben.

Quellen schwerer Beeinträchtigungen entstehen auch durch andere Formen unsachgemäßer Lagerung. So können bei gefriergelagertem Geflügel sogenannte Stockflecken auftreten, verschiedenfarbige Punkte oder Flecken, die bis in die Unterhaut reichen können. Fleisch, das solche Kolonien von kälte-liebenden Schimmelpilzen aufweist, ist natürlich verdorben und sollte nicht mehr verzehrt werden. Noch häufiger tritt bei tiefgefrorenem Geflügel Gefrierbrand auf, eine bestimmte Form der Austrocknung des Fleisches, die bei schadhafter oder nicht dicht anliegender Verpackung auftritt. Dabei sind zunächst die äußeren Gewebeschichten, später auch die tiefer liegenden betroffen, die dann eine an eine „Verbrennung" erinnernde Struktur annehmen. Auch dieses Fleisch ist verdorben und eignet sich nicht zum Verzehr. Und natürlich verdirbt Geflügel grundsätzlich nach zu langer Lagerung, nicht nur im Kühlschrank, sondern auch in der Tiefkühltruhe.

Immer wieder wird über Rückstände im Fleisch gesprochen. Wie bei anderen Nutztieren aus Intensivtierhaltung betrifft dies im Wesentlichen die Frage nach den Tierarzneimitteln. Tatsächlich hat die hohe Herdendichte in der Intensivhaltung den Ausbruch von Krankheiten begünstigt und daher auch in der Geflügelhaltung zu einem intensiven Einsatz von Antibiotika geführt. Da in der Folge antibiotikaresistente Bakterienstämme entstanden, von denen man auch eine Übertragungsgefahr auf den Menschen befürchtet, ist in den letzten Jahren der öffentliche Druck auf die Geflügelwirtschaft immer größer geworden, den Antibiotikaeinsatz zu reduzieren. Und so hat sich tatsächlich die Gesamtmenge aller in der Tierhaltung eingesetzten Antibiotika in Deutschland von 2011 bis 2020 nach einer Erhebung des Bundesamtes für Verbraucherschutz und Lebensmittelsicherheit (BVL) mehr als halbiert.

Der Jahresbericht 2019 des „Nationalen Rückstandskontrollplans für Lebensmittel tierischen Ursprungs", ein in Deutschland vom BVL koordiniertes Programm, weist nur für 0,03 Prozent der untersuchten Proben nicht vorschriftsmäßige Rückstandsbefunde auf. Das sind immerhin Signale in die richtige Richtung.

GEFLÜGEL

Brust oder Keule?

Der Genusswert von Geflügel ist allgemein kein großes Thema. Zumindest ist es in Deutschland so. Wolfgang Branscheid, einer der wichtigsten Experten zum Thema Fleischqualität, musste im Jahr 2003 konsterniert feststellen, dass die mangelnde Qualität von Putenfleisch, anders als beim Schwein, beim Verbraucher kaum Auswirkungen hat, „da sonst der aktuelle Zuwachs gerade des Haushaltsverbrauchs von Putenfleisch nicht erklärbar wäre". Also alles doch nur der Gesundheit wegen?

Zugespitzt könnte man sagen, dass sich hierzulande die Frage nach dem Geschmack beim Geflügel auf die Alternative beschränkt: Brust oder Keule. Das hat auch mit der Tradition zu tun. In Deutschland war jahrhundertelang das Huhn als Eierlieferant gefragter denn als Masthuhn. Die weiblichen Küken wurden Legehennen und die männlichen Tiere wanderten nach einer gewissen Zeit in den Kochtopf – weswegen wir heute immer noch sagen, dass es „Hähnchen" gibt, auch wenn wir ein weibliches Huhn verspeisen. Da es aber einen sogenannten biologischen Merkmalsantagonismus gibt, das heißt, dass Tiere einer Rasse nicht sowohl gut legen können als auch über einen starken Fleischansatz verfügen, war die Fleischqualität in früheren Zeiten eher bescheiden. Nach den Einkreuzungen asiatischer, fleischreicherer Tiere in lokale Landschläge im 19. Jahrhundert steigerte sich auch in Deutschland die Fleischleistung der Hühner. Mit dem so geschaffenen, universell nutzbaren Zweinutzungshuhn, mit Betonung der Legefähigkeit, war man aber zumeist zufrieden.

In England, insbesondere aber in Frankreich, gab es dagegen schon seit Jahrhunderten die Konzentration auf hervorragende Fleischgeflügelrassen, die intensiv gefüttert und schließlich als junge Masthühner bei einem Gewicht von 1,5 bis 3,5 Kilogramm geschlachtet wurden. Die Krönung sind jedoch die Kapaune, gemästete und kastrierte Hähne mit einem Gewicht bis zu vier Kilogramm. Mit der modernen Geflügelzucht spalteten sich die Rassen dann endgültig in reine Legehuhnrassen – die männlichen Küken werden getötet – und reine Fleischrassen zur Broiler-Produktion, wie der internationale Fachbegriff lautet. Wobei die jungen Tiere beiderlei Geschlechts bei uns einfach Hähnchen (engl. broiler, franz. poulet), die älteren, schwereren Maishähnchen (engl. roaster, franz. poularde) heißen. Suppenhühner schließlich sind Legehennen, die nach etwa einem Jahr, gelegentlich auch deutlich später, geschlachtet und verkauft werden. Aber was heißt das hinsichtlich des Geschmacks?

> **CHINESEN SIND VERNARRT IN HÜHNERFÜSSE ALS SNACK ZWISCHENDURCH, UND IN UNGARN IST HAHN-HODEN-GULASCH EINE SPEZIALITÄT. DIE AMERIKANER LIEBEN BRUST UND FLÜGEL („CHICKEN WINGS"), NICHT ABER DIE SCHENKEL. UND HIERZULANDE IST DIE FRAGE NACH BRUST ODER KEULE IMMER NOCH IN DER LAGE, DIE ESSENSRUNDE ZU SPALTEN.**

Zunächst einmal unterscheiden sich die Teilstücke eines Hühnchens voneinander. Zudem haben verschiedene Kulturen ganz eigene Vorlieben entwickelt: In einigen Ländern werden die Innereien besonders geschätzt, in Teilen Deutschlands dienen sie lediglich als Tierfutter. Tatsächlich unterscheiden sich diese beiden wohl wichtigsten Teilstücke beim Geflügel in ihrem Aufbau. Während die Brust nahezu aus schierem Muskelfleisch besteht, im Idealfall aus festem, aber zugleich saftigem, kurzfaserigem Fleisch, das nur eine kurze Garzeit benötigt, werden die fetthaltigeren (und das heißt in der Regel geschmacksintensiveren) Muskelbündel des Schenkels durch Bindegewebe und Sehnen voneinander getrennt, deren Kollagen man durch längeres Kochen in geschmolzene Gelatine umwandeln muss. Das ist keine Frage von besser oder schlechter, sondern einfach der persönlichen Vorliebe. Allerdings ist die Verarbeitungsqualität von Schenkelfleisch wegen des höheren Wasserbindungsvermögens höher, sodass man dieses eher für die Pasteten- und Wurstproduktion einsetzt.

Und die Frage nach dem Geschlecht? Zumindest beim Huhn unterscheiden sich männliche und weibliche Tiere sensorisch kaum voneinander. Weibliche Tiere weisen zumeist einen höheren Brustfleischanteil und ein wenig mehr Fett auf, ältere männliche Tiere können vielleicht etwas intensiver schmecken – manche bezeichnen die sich bei beginnender Geschlechtsreife bildenden Aromen aber auch als „streng". Die Frage des Alters der Tiere bei der Schlachtung ist dagegen einer der grundlegenden Faktoren für den Genusswert von Geflügel.

Hier hat es von der Geflügelwirtschaft und den landwirtschaftlichen Fakultäten unzählige Studien gegeben, dabei zeigte sich vor allem, dass das optimale Alter stark von der einzelnen Genetik abhängt. Viele Rassen haben ihren Höhepunkt an Zartheit und Saftigkeit bereits sehr früh erreicht, der Geschmack jedoch erlangt erst nach einem deutlich verlängerten Leben seinen Zenit. Das ist manchmal nicht einfach zu akzeptieren: Aber während etwa bestimmte Entenarten von längerer Aufzucht profitieren, scheint bei Gänsen, und das ist das Ergebnis mehrerer Studien, der Genusswert gerade in der Schnellmast nach neun Wochen am höchsten zu sein. In der Intensivmast erreicht er nach 23 Wochen einen mittleren Wert und am niedrigsten ist er in der Weidemast nach 33 Wochen.

ABER SCHMECKEN HÜHNER AUS EXTENSIVER ODER GAR BIO-HALTUNG NICHT BESSER ALS SOLCHE AUS KONVENTIONELLER?

Hierzu ist die Forschung eindeutig: Die Haltung alleine hat bei Hühnern keinen signifikanten Einfluss auf den Geschmack. Das Futter aber wohl: Mais und Hafer etwa ergeben deutlich bessere Ergebnisse als das übliche Getreide. Zudem bewirkt Mais die gern gesehene gelbe Hautpigmentierung. Die Beimischung von doppelt ungesättigten Fettsäuren ins Futter von Enten, um deren Fettsäuremuster zu verbessern, ergibt Fleischqualitätsmängel, die durch Vitamin-E-Beigaben korrigiert werden müssen. Dann gibt es Geflügelhalter, die Kräuter und ätherische Öle ins Futter mischen, einerseits wegen der antimikrobiellen Wirkung, andererseits wegen einer angeblichen Geschmacksintensivierung des Fleisches. Beides konnte nicht nachgewiesen werden. Ein bemerkenswertes Ergebnis hat allerdings eine Studie ergeben, die den Fleischgeschmack des Geflügels in Abhängigkeit vom Zustand der Blinddarmflora untersucht hat: So wiesen Tiere in Freilandhaltung einen leichten Wildgeschmack auf, während keimfrei aufgezogene oder mit Antibiotikazusätzen gefütterte Broiler wegen der veränderten Darmflora einen faden Fleischgeschmack aufgewiesen haben sollen.

Sind denn nicht wenigstens die alten Fleischrassen den modernen Hybridhühnern geschmacklich überlegen? Tatsächlich sind die Züchter bei den Hühnern, wie zuvor bei den Puten, an bestimmte biologische Grenzen gestoßen. So mehrten sich in den letzten Jahren Berichte über Krankheiten der Brustmuskulatur, sogenannte Myopathien, bei sehr schnell wachsenden Masthähnchen. Derzeit wird immer öfter eine Abweichung in der Konsistenz bei Brustfilet beobachtet, die als „Wooden Breast" (WB) bezeichnet wird. Die Muskulatur wird hierbei als teilweise extrem fest beziehungsweise hart, blass und als lokal blasig aufgeschwollen beschrieben. Auswertungen ergaben, dass in Stichproben kommerzieller Hähnchenmastbestände fast ein Prozent der Tiere erhebliche sowie knapp neun Prozent moderate Anzeichen von WB aufwiesen, auffällig weiches Brustfleisch wurde bei gut neun Prozent festgestellt, der Rest war unauffällig. Hiervon abgesehen, ist die Situation nicht eindeutig. Es gibt eine Reihe von Studien, etwa von der Bundesanstalt für Fleischforschung Kulmbach, die keine Vorteile bei langsam wachsenden Rassen sehen wollen, andere dagegen, die eine höhere Geschmacksintensität konstatiert haben. Allerdings wurden eigentlich nie wirklich „alte" Rassen getestet, sondern, aus Wirtschaftlichkeitserwägungen und vermutlich auch wegen mangelnder Versuchstiere, langsam wachsende Hybridtiere im Vergleich zu schnell wachsenden. Dagegen muss man daran erinnern, dass alte Rassen über eine hohe biologische Diversität verfügen: So sind manche von ihnen deutlich flugfähiger als moderne Hühner, was erhebliche Konsequenzen für die Faserstruktur der Brustmuskulatur hat.

Und wie dies bei wissenschaftlichen Sensorikprüfungen bei anderen Nutztieren, wie Rindern oder Schweinen, geschehen ist, muss man auch beim Geflügel konstatieren, dass man hinsichtlich der Methodik dieser Versuche erst ganz am Anfang ist. Zum Beispiel die Zartheit von Geflügelfleisch. Sie gilt als wesentlicher Faktor für den Genusswert. Kein Wunder, dass das Fleisch bei sehr jungem Geflügel aus Intensivmast, bei dem der Brustmuskel kaum Bewegung hatte, enorm weich ist. In Frankreich mit seiner großen Tradition in der Schlachtung von älteren Weidehühnern ist das kein Qualitätsmerkmal.

WER EINMAL EIN BRESSE-HUHN AUF DEM TELLER HATTE, WIRD ÜBER DESSEN FESTIGKEIT GESTAUNT HABEN.

Auch die Loué-Freiland-Hühnchen, die bei der Schlachtung 84 Tage alt sind (ein Hochleistungshybridhuhn ist bei der Schlachtung etwa 28 Tage alt), haben es aus diesem Grund beim deutschen Verbraucher schwer, weshalb Frankreichs Geflügelproduzenten mit dem Janzé-Huhn aus der Bretagne jetzt eine jüngere (56 Tage), entsprechend „weichere" und preisgünstigere Alternative auf dem deutschen Markt platziert haben. Ein zweiter wesentlicher Punkt betrifft das Fett. Das wurde in Deutschland mit dem Beginn der Magerfleischwelle in den 1960er-Jahren geradezu verteufelt und entsprechend wurden die Zuchtziele in der Nutztierproduktion neu definiert. In Frankreich dagegen wird gerade bei High-End-Geflügelfleisch aus der Bresse auf eine intensive Fettmast Wert gelegt, um hohe Marmorierungsgrade auch beim Geflügel zu erreichen – ein Ansatz, der in Deutschland überhaupt nicht verfolgt wird.

Bei der Diskussion um den Geschmack und die Zartheit von Geflügelfleisch muss ein weiterer Faktor deutlich hervorgehoben werden: die fehlerfreie Prozesskette von der Zeit unmittelbar vor der Schlachtung bis zur Zubereitung selbst. Ein einziger schwerer Fehler innerhalb eines der Glieder kann den Genusswert erheblich senken. Das beginnt bei der Dauer der „Nüchterung" der Tiere vor der Schlachtung sowie dem anschließenden Transport (wobei die Entfernung eine wesentliche Rolle spielt: kurz und lang ist unproblematisch, während mittlere Distanzen einen negativen Einfluss haben, weil sich Tiere nicht an die Situation gewöhnen können), der Entladung, der Betäubung und der eigentlichen Schlachtung. Ab dem Verlassen des Stalles darf so wenig Stress wie möglich entstehen, da sonst zu viel Glykogen (eine Art Stärke, mittels der der Organismus Energie speichert) in den Muskeln abgebaut wird, mit erheblichen, negativen Folgen für die Fleischqualität. Und bei der Betäubung gibt es, wie die Wissenschaft formuliert, einen „grundsätzlichen Widerspruch" zwischen dem Tierschutz und der Forderung nach hoher Fleischqualität.

Aber auch „post mortem" bestehen viele Klippen: das Entbluten, die verschiedenen Brühverfahren und deren Dauer, das Rupfen und Ausnehmen und die anschließende Kühlung. Vielleicht am wichtigsten sind die (möglichst kalte) Zerlegung und das Abhängen – beides wesentlich für den anschließenden Zustand der Muskelfasern – und schließlich das Verpacken und Lagern. An allen diesen Stationen gibt es die Wahl zwischen guten und schlechten Methoden, nicht nur hinsichtlich des Erreichens einer hohen Fleischqualität, sondern auch in Bezug auf die Hygiene. Und überall lauern Fehlerquellen. Deshalb hängt der Genusswert von Hühnerfleisch ganz wesentlich von der Ausbildung und Erfahrung der Geflügelhalter und dem Funktionieren einer tadellosen Prozesskette ab. Ab dem Einkauf freilich ist der Verbraucher selbst verantwortlich!

GEFLÜGEL

Tierwohl und artgerechte Haltung – worauf beim Einkauf achten?

Wer beim Zuchtgeflügel nicht allein auf den Preis schaut, vielmehr sicher sein möchte, dass es aus artgerechter Haltung stammt, mit reichlich Platz und Beschäftigung für die Tiere, dem passenden Futter und langer Mastdauer, sieht sich einigen Formulierungen ausgesetzt. Manche davon sind nichts anderes als Marketingversprechen von „glücklichen Hühnern auf dem Bauernhof", „aus heimischer Produktion" oder „aus der Region" können ebenfalls täuschen.

Es gibt jedoch auch solche, die durch EU-Verordnungen definiert und rechtlich geschützt sind. Diese Angebote liegen – bislang – eher selten in den Kühlregalen der Supermärkte. Nur bei Gänsen, die in Deutschland im Allgemeinen im Freien auf der Wiese gehalten werden, finden sich diese geschützten Haltungsangaben häufiger. Es lohnt sich übrigens, beim Einkauf auf dem Bauernhof oder Wochenmarkt ebenfalls genau nachzufragen, auch dort wird Geflügel häufig zugekauft!

Handelsmarken, die mit einer der nebenstehenden Bezeichnungen werben, müssen in jedem Fall definierte Mindestkriterien einhalten:.

EXTENSIVE BODENHALTUNG
Hier verlangt der Gesetzgeber mehr Platz pro Tier im Stall (z. B. Hähnchen: max. 15 Tiere/qm) und eine längere Mast (Hähnchen: 56 Tage, Puten: 70 Tage) im Vergleich zur Intensivhaltung.

FREILANDHALTUNG
Hier kommen an Auslauf 1 qm/Hähnchen bzw. 4 qm/Pute und ein Futter-Getreideanteil von 70 % hinzu. Auch dürfen in der Hähnchenmast nur 13 Tiere/qm Stallfläche gehalten werden. Ein Beispiel hierfür ist das französische Programm „Nature & Respect".

BÄUERLICHE FREILANDHALTUNG
Auslaufflächen sind etwas größer (Hähnchen: 2 qm, Pute: 6 qm) und die Mastdauer ist länger (Hähnchen: 81 Tage, Puten: 140 Tage) als in der Freilandhaltung. Zudem müssen langsam wachsende Rassen eingesetzt werden. Ein Beispiel hierfür ist das französische „Label Rouge".

BÄUERLICHE FREILANDHALTUNG – UNBEGRENZTER AUSLAUF
Hier setzt die EU die umfassendsten Standards. Die Tiere bekommen unbegrenzten Auslauf; die Mastdauer verlängert sich entsprechend.

Für die Begriffe „Tierwohl" und „artgerechte Haltung" existiert keine geschützte Definition: Jede Form der Tierhaltung kann deshalb als „artgerecht" bezeichnet werden, dem „Tierwohl" zugrunde liegt. Sofern der damit werbende Betrieb nicht gegen gesetzliche Vorgaben verstößt, dürfen die Geflügelprodukte so beworben werden, auch wenn dies kein Qualitätsmerkmal darstellt.

GESETZLICHER STANDARD (KONVENTIONELLES FLEISCH)

Dieser definiert Mindestanforderungen für die Haltungsbedingungen der verschiedenen Geflügelarten in der Landwirtschaft, die von allen Betrieben eingehalten werden müssen. Dessen Grundlagen sind im Tierschutzgesetz sowie in der Tierschutz-Nutztierhaltungsverordnung verankert. Ob der gesetzliche Mindeststandard ausreicht, um das Wohl von Tieren sicherzustellen, wird kontrovers diskutiert. Häufig ist auf Verpackungen das blaue QS-Zeichen zu finden. Dieses Siegel steht für eine stufenübergreifende Qualitätssicherung und Kontrolle, die dazu führen soll, dass die gesetzlichen Vorgaben besser eingehalten werden.

BRANCHENINITIATIVE TIERWOHL

Dieser Zusammenschluss ist ein branchenübergreifendes Bündnis von Verbänden und Unternehmen der Land- und Fleischwirtschaft sowie des Lebensmitteleinzelhandels. Die teilnehmenden Landwirte erhalten für Ihre Tierwohlmaßnahmen „Tierwohlentgelte" als Ausgleich für ihre Mehrkosten. Das Geld stammt aus einem Fonds. Dieser wird vom Einzelhandel gespeist, der für jedes verkaufte Kilo Geflügelfleisch und -wurst 6,25 Cent einzahlt (Stand 2018).

GESETZLICHER STANDARD FÜR BIOFLEISCH

Die EU-Verordnung für den ökologischen Landbau enthält strengere Tierhaltungsstandards als der übliche gesetzliche Rahmen (Auslauf im Freien, mehr Platz und Strohhaltung im Stall). Die deutschen Bioverbände, wie zum Beispiel

BIOLAND, NATURLAND, DEMETER, BIOKREIS, BIOPARK, GÄA, ECOLAND UND VERBUND ÖKOHÖFE

gehen teilweise über diese Mindestvorgaben hinaus. Diese sind deutlich strenger, als es der gesetzliche

Mindeststandard der Europäischen Union vorsieht. Das bedeutet jedoch höhere Kosten für die Tierhalter und damit auch höhere Preise für Verbraucherinnen und Verbraucher.

Die nachfolgend abgebildeten Siegel stehen ebenfalls für eine geprüfte extensive Tierhaltung:

NEULAND
Die Tierhaltung ist „besonders tiergerecht und umweltschonend". Sie beinhaltet u. a. Auslauf ins Freie, Strohhaltung, viel Tageslicht im Stall und die Fütterung mit heimischen Futtermitteln. Neuland-Fleisch wird bislang nur in wenigen Fachgeschäften, in einigen Hofläden, auf wenigen Wochenmärkten, in einzelnen Lebensmittelgeschäften sowie im Online-Shop von Neuland angeboten.

NATURE & RESPECT UND LABEL ROUGE
Unter diesen beiden Labels wird Geflügelfleisch aus Frankreich angeboten. Die beiden Programme erfüllen jeweils die Anforderungen der EU-Vermarktungsnormen für Geflügelfleisch für die dort definierten extensiven Haltungsformen „Freilandhaltung" (Nature & Respect) bzw. „bäuerliche Freilandhaltung" (Label Rouge). Damit garantieren die Programme eine langsamere und damit schonendere Aufzucht mit einer getreidebetonten Fütterung und mehr Platz im Stall sowie Auslauf im Freien.

FÜR MEHR TIERSCHUTZ
Das Label des Deutschen Tierschutzbundes ist in zwei Varianten erhältlich: Einstiegsstufe und Premiumstufe. Der Deutsche Tierschutzbund erteilt sein Label für Hähnchenfleisch zurzeit nur als Einstiegsstufe, die jedoch deutlich über den gesetzlichen Mindeststandard hinaus geht.

Quelle: Bundesministerium für Ernährung und Landwirtschaft

Stuben-küken, Huhn, Poularde

GEFLÜGEL

STUBENKÜKEN, HUHN, POULARDE

Stubenküken auf Rosmarinspieß an Rahmpolenta mit Paprikagemüse

Für 2 Personen

STUBENKÜKEN AUF ROSMARINSPIESS
1 Stubenküken
2 Zweige Rosmarin
Salz, Pfeffer aus der Mühle
2 EL Olivenöl
50 g Butter

PAPRIKAGEMÜSE
1 rote Paprika
1 gelbe Paprika
1 Schalotte
1 Knoblauchzehe
2 EL Olivenöl
1 Zweig Thymian
1 Zweig Oregano
Salz, Pfeffer aus der Mühle

RAHMPOLENTA
125 ml Wasser
2 EL Sahne
Salz
frisch geriebene Muskatnuss
1 Prise Zucker
60 g Polenta (Maisgrieß)
50 g geschlagene Sahne

ANRICHTEN
12 blanchierte grüne Spargelspitzen

Den Backofen auf 160 °C vorheizen.

Das Stubenküken kalt abbrausen und trocken tupfen. Dann auslösen, je eine Brust und eine Keule auf einen halben Rosmarinzweig spießen und mit Salz und Pfeffer würzen. In einer Pfanne mit Olivenöl beidseitig scharf anbraten und nach der Zugabe der Butter mit der Hautseite nach oben die Brust ca. 10 Min. und die Keule ca. 15 Min. im Backofen fertig garen. Anschließend die Brust herausnehmen, in Alufolie gewickelt ca. 5 Min. ruhen lassen.

Die Paprika waschen, Kerne entfernen und in ca. 1 cm große Rauten schneiden. Die Schalotte und den Knoblauch schälen und fein würfeln. In einer Pfanne das Olivenöl erhitzen und die Paprikarauten mit den Schalotten anschwitzen. Die gewaschenen Kräuterzweige, den Knoblauch und das Salz beifügen und mitschwenken. Leicht Farbe annehmen lassen und nochmals mit Salz und Pfeffer abschmecken.

Für die Rahmpolenta Wasser, Sahne und Gewürze aufkochen, die Polenta einrieseln lassen und unter häufigem Rühren auf kleiner Flamme ca. 15 Min. gar ziehen lassen. Die geschlagene Sahne unterziehen und abschmecken.

Die Rahmpolenta auf Teller anrichten, darauf das Gemüse und das Stubenküken platzieren. Jeweils 6 Spargelspitzen anlegen und servieren.

Backhendl vom Stubenküken mit Kartoffelsalat

Für 4 Personen

KARTOFFELSALAT
(Standzeit 12 Std.)
1 kg festkochende Kartoffeln (z. B. Annabelle)
Salz
100 g Bauchspeck
3 Schalotten
300 ml Geflügelbrühe (siehe S. 219)
2 EL Schwerter Senf
Pfeffer aus der Mühle
Gewürzgurkenessig
75 g Butter

BACKHENDL
2 Stubenküken
Salz, Pfeffer aus der Mühle
Mehl (Type 405) zum Wenden
2 Eier
Semmelbrösel zum Wenden
Butterschmalz zum Frittieren

ANRICHTEN
grobes Salz
Kürbiskernöl

Für den Salat die Kartoffeln in der Schale in ausreichend gesalzenem Wasser weich kochen, abschütten, pellen und noch heiß in Scheiben schneiden. Während die Kartoffeln kochen, den Speck würfeln und in einem Topf anschwitzen. Die Schalotten schälen und klein schneiden. Kurz mitanschwitzen und mit der Brühe ablöschen. Senf zugeben und mit Salz, Pfeffer und Gewürzgurkenessig abschmecken. Kochend über die noch heißen Kartoffeln geben, sodass sie gerade bedeckt sind. Die Butter in einem kleinen Topf anbräunen, zum Kartoffelsalat geben und alles gut vermengen. Mindestens 12 Std. gut durchziehen lassen und am nächsten Tag abermals mit Salz, Pfeffer und Gewürzgurkenessig abschmecken.

Die Stubenküken kalt abbrausen und trocken tupfen. Dann die beiden Keulen abtrennen und die beiden Brüste von der Karkasse lösen. Die Karkassen können zum Kochen eines Geflügelfonds verwendet werden. Die beiden Flügelspitzen von der Brust abtrennen, sodass nur noch der letzte Knochen an der Brust übrigbleibt. Von den Keulen den Oberschenkelknochen entfernen. Alles mit Salz und Pfeffer würzen. Anschließend zuerst in Mehl, dann in verquirlten Eiern und zum Schluss in den Semmelbröseln wenden. Die Geflügelteile in einer hohen Pfanne in ausreichend Butterschmalz rundherum goldgelb frittieren. Dann auf Küchenpapier abtropfen lassen.

Den zubereiteten Kartoffelsalat auf Teller geben und die Stubenkükenteile darauf anrichten. Mit Salz bestreuen und etwas Kürbiskernöl um den Kartoffelsalat träufeln.

TIPP Der Kartoffelsalat schmeckt über Nacht gekühlt durchgezogen am besten. Vor dem Servieren nur rechtzeitig aus dem Kühlschrank nehmen.

Hähnchenbrust mit fruchtiger Mandelsauce

Für 2 Personen

ZUTATEN

2 Bio-Orangen
1 Knoblauchzehe
1 mittelgroße Zwiebel
1 Scheibe Toastbrot
3 EL gehackte Mandeln
½ TL Kreuzkümmelsamen
Salz
¼ TL Zucker
¼ TL Cayennepfeffer
6 EL Olivenöl
250 ml Geflügelbrühe
(siehe S. 219)
2 Hähnchenbrustfilets (à ca. 180 g)
Pfeffer aus der Mühle
1 EL Butter

Die Orangen gründlich mit heißem Wasser abwaschen und trocken reiben. Von einer Orange die Schale in Zesten abziehen, beide Früchte auspressen. Knoblauch schälen und grob hacken. Zwiebel ebenfalls schälen und sehr fein würfeln.

Das Toastbrot ohne Rinde im Toaster goldbraun rösten. Die Mandeln in einen Blitzhacker geben und das Toastbrot dazubröseln. Knoblauch, Kreuzkümmel, Salz, Zucker und Cayennepfeffer zugeben und alles zusammen fein hacken. 4 bis 5 EL Orangensaft unterrühren.

In einer Pfanne 2 EL Olivenöl erhitzen und die Zwiebelwürfel darin goldgelb anschwitzen. Mit dem restlichen Orangensaft und der Brühe ablöschen und bei starker Hitze ca. 3 Min. einkochen. Die Mandelmischung sowie die Zesten unterrühren und bei mittlerer Hitze weitere 3-4 Min. köcheln lassen.

Die Hähnchenbrustfilets trocken tupfen und mit Salz und Pfeffer würzen. In einer zweiten Pfanne das restliche Olivenöl erhitzen, die Butter dazugeben und die Hähnchenbrustfilets darin gar braten. Aus der Pfanne nehmen, in Scheiben schneiden und mit der Mandel-Orangen-Sauce anrichten.

Hähnchenbrust aus dem Dampf mit Muskat-Sabayon

Für 2 Personen

KARTOFFEL-ERBSEN-PÜREE
300 g mehligkochende Kartoffeln
Salz
2 EL Butter
80 ml warme Milch
Pfeffer aus der Mühle
frisch geriebene Muskatnuss
150 g frische oder TK-Erbsen
30 g Sahne

HÄHNCHENBRUST
1 Zweig Thymian
1 Zweig Rosmarin
2 Hähnchenbrustfilets (à ca. 150 g)

MUSKAT-SABAYON
100 ml Geflügelfond (siehe S. 218)
100 ml Weißwein
100 ml extra trockener Wermut
frisch geriebene Muskatnuss
2 Eigelb
Salz, Pfeffer aus der Mühle

Für die Beilage Kartoffeln in ausreichend Salzwasser kochen, abschütten, pellen, etwas ausdampfen lassen und durch eine Kartoffelpresse drücken oder stampfen. Das Püree mit 1 EL Butter und Milch verrühren. Mit Salz, Pfeffer und Muskatnuss abschmecken.

Die Erbsen in kochendem Salzwasser garen, kurz in eiskaltem Wasser abschrecken, pürieren und fein passieren. Das Erbsenpüree mit der restlichen Butter sowie Sahne verfeinern, salzen und pfeffern. Beide Pürees nur grob miteinander vermischen und bis zum Servieren warm halten.

Ausreichend Wasser mit den Kräutern in einem Topf mit Dampfeinsatz erhitzen und 2 Min. kochen lassen. Die Hähnchenbrustfilets trocken tupfen. Dann in den Dampfeinsatz legen und über dem Wasser-Kräutersud ca. 10 Min. dämpfen. Danach warm stellen.

Für die Sabayon Geflügelfond mit Weißwein, Wermut sowie etwas Muskatnuss aufkochen und auf die Hälfte einkochen. Eigelbe mit der Geflügelfond-Weinmischung über einem Wasserbad zu einer Sabayon aufschlagen. Leicht mit Salz und Pfeffer abschmecken; der Muskatgeschmack sollte dominieren.

Die Hähnchenbrüste zum Servieren auf Teller anrichten und mit der Sabayon übergießen. Einen großen Löffel von dem Püree dazu garnieren.

> **TIPP** Während des Dämpfens das Wasser nicht mehr kochen lassen, sonst wird das Hähnchen innerhalb kurzer Zeit trocken und zäh.

Hühnerfrikassee

Für 4 Personen

ZUTATEN

150 g dicke Frühlingszwiebeln
2 EL Zucker
Essig
150 g Champignons
1 Möhre
½ Stange Lauch
2 Stängel glatte Petersilie
600 ml Geflügelfond
(siehe S. 218)
1 Lorbeerblatt
500 g Hähnchenfleisch
von Brust und Keule
Salz, Pfeffer aus der Mühle
2 EL Butter
1 EL Mehl (Type 405)
200 g Sahne
Worcester-Sauce
Zitronensaft
Cayennepfeffer

Die Frühlingszwiebeln putzen, waschen, das Grün beiseitestellen und nur die Knollen verwenden. Den Zucker in einer Pfanne hell karamellisieren und mit 1 Spritzer Essig ablöschen. 4 EL Wasser dazugießen, die Frühlingszwiebeln im Ganzen hinzufügen und ca. 20 Min. bei niedriger Hitze weich garen.

Die Champignons putzen, die Stiele entfernen und dann halbieren. Möhre schälen, Lauch putzen und mit Petersilienstängeln zu einem Kräutersträußchen binden. Den Geflügelfond aufkochen und das Kräutersträußchen sowie das Lorbeerblatt hineinlegen. Das Fleisch trocken tupfen, mit Salz und Pfeffer würzen und zuerst das Keulenfleisch mit den Champignons in den Fond geben. Nach 10 Min. das Brustfleisch dazugeben, aufkochen, vom Herd nehmen und weitere 10 Min. ziehen lassen. Durch ein Sieb gießen, den Fond auffangen und Fleisch und Champignons beiseitestellen. Das abgekühlte Fleisch in mundgerechte Stücke schneiden.

In einer Pfanne die Butter schmelzen und das Mehl glatt einrühren. Kurz anbräunen, den Geflügelfond zugießen und ca. 5 Min. gut durchkochen lassen. Die Sahne zugießen, nochmals aufkochen und mit je 1 Spritzer Worcester-Sauce, Zitronensaft, Salz und Cayennepfeffer abschmecken. Fleisch, Zwiebeln, Champignons und etwas Frühlingszwiebelgrün unterrühren, heiß werden lassen und servieren.

STUBENKÜKEN, HUHN, POULARDE

Hähnchenkeulen mit Orientsauce

Für 4 Personen

GEWÜRZMISCHUNG
1 Stange Zimt
1 TL Sesamkörner
1 TL Ingwerpulver
1 TL schwarze Pfefferkörner
1 TL Fenchelsamen
1 TL Korianderkörner
8 Gewürznelken
8 Pimentkörner
8 Kardamomkapseln, daraus die Samen
½ TL gemahlener Kreuzkümmel
½ TL zerstoßene Peperoncini (getrocknete Chilischote)
1 Prise Macispulver (Muskatblüte)

HÄHNCHENKEULEN
8 Hähnchenunterkeulen
Salz, Pfeffer aus der Mühle
1 große Zwiebel
2–3 Knoblauchzehen
½ Bund Petersilie oder Koriander, nach Geschmack
3 EL Olivenöl
500 ml Geflügelbrühe (siehe S. 219)
75 g Sultaninen
½ –1 TL Harissapaste
1 TL Bio-Orangenschale

Alle 12 Gewürze in einem Mörser zu feinem Pulver mahlen. Es können auch fertig gemahlene Gewürze verwendet werden.

Die Hähnchenunterkeulen kalt abbrausen, trocken tupfen und mit Salz und Pfeffer einreiben. Zwiebel und Knoblauch schälen und in feine Würfel schneiden. Petersilie oder Koriander waschen, trocken schütteln, Blätter abzupfen und fein hacken.

Das Öl in einem Bräter erhitzen, die Hähnchenkeulen unter Wenden goldbraun braten und herausnehmen. Zwiebel, zwei Drittel der Kräuter, den Knoblauch und 1 EL der Gewürzmischung unter Rühren anschwitzen, bis die Zwiebel weich ist.

Mit Geflügelbrühe ablöschen, die Schenkel wieder dazugeben und weitere 15 Min. mit Deckel garen. Sultaninen, ½ bis 1 TL Harissa sowie die Orangenschale untermischen und weitere 5 Min. köcheln lassen.

Die Hähnchenkeulen mit der Sauce auf Teller anrichten und mit den restlichen Kräutern bestreuen. Dazu Reis servieren.

Geschmortes Huhn nach provenzalischer Art

Für 4 Personen

ZUTATEN
2–3 Knoblauchzehen
6 Hühnerschenkel
75 g Butter
Salz
1 Msp. Cayennepfeffer
3–4 TL edelsüßes Paprikapulver
1 Dose geschälte Tomaten (850 g)
125 ml Wermut (z.B. Noilly Prat)
½ TL getrockneter Thymian
150 g Sahne
150 g Crème fraîche

Die Knoblauchzehen schälen und grob hacken. Die Hühnerschenkel kalt abbrausen und trocken tupfen.

In einer großen Pfanne die Butter erhitzen und das Fleisch bei starker Hitze kurz und scharf anbraten, dann die HItze verringern. Mit Salz, Cayennepfeffer und Paprikapulver würzen.

Die Tomaten, Knoblauch und den Wermut dazugeben und zugedeckt ca. 30 Min. schmoren lassen.

Dann den Deckel abnehmen, den Thymian, die Sahne sowie Crème fraîche unterrühren und alles etwas einköcheln lassen. Bei Bedarf erneut mit Salz abschmecken.

Hähnchenkeulen mit Rosa Beeren

Für 4 Personen

ZUTATEN
4 Hähnchenkeulen (à ca. 250 g)
700 g festkochende Kartoffeln
Salz
2 TL Bio-Zitronenzesten
4 Zweige Estragon
2 TL Rosa Beeren
4 Msp. edelsüßes Paprikapulver
4 Schalotten
2 Knoblauchzehen
1 Zweig Rosmarin
4 EL Olivenöl

Die Hähnchenkeulen kalt abbrausen, trocken tupfen und im Gelenk durchtrennen. Die Kartoffeln gründlich waschen, je nach Größe der Länge nach halbieren oder vierteln. In kochendem Salzwasser etwa 3 Min. vorkochen. Die Zitronenzesten fein hacken.

Estragon waschen, trocken tupfen und 1 Zweig fein hacken. Im Mörser mit den Zitronenzesten, Rosa Beeren, Salz und Paprikapulver gut vermischen. Die Schalotten schälen und halbieren. Die Knoblauchzehen in der Schale andrücken. Den Rosmarinzweig waschen und trocken schütteln.

Den Backofen auf 200 °C vorheizen. Die Hähnchenkeulen mit dem Gewürzsalz gut einreiben und ca. 15 Min. ziehen lassen.

Kartoffeln, Schalotten, Knoblauch und den Rosmarinzweig in einen Bräter geben, die Hähnchenteile darauf legen, mit dem Öl beträufeln und das Ganze im Backofen etwa 1 Std. garen. Dabei das Fleisch immer wieder wenden und mit Bratensaft übergießen.

Etwa 5 Min. vor Ende der Garzeit die Hähnchenteile mit der Hautseite nach oben legen, den Backofen auf höchste Grillstufe schalten und das Fleisch goldbraun grillen. Herausnehmen, mit klein gezupften Estragonblättern bestreuen und servieren.

STUBENKÜKEN, HUHN, POULARDE

Österreichisches Backhendl

Für 2 Personen

ZUTATEN
1 Hähnchen (ca. 1,2 kg)
Salz
edelsüßes Paprikapulver
2 Eier
50 ml Milch
100 g Mehl (Type 405)
200 g Semmelbrösel
Öl zum Frittieren
½ Bund Petersilie
1 Zitrone

Das Hähnchen kalt abbrausen und trocken tupfen. Die Brüste und Keulen abschneiden und halbieren. Nach Belieben die Haut entfernen. Die Hähnchenteile mit Salz und etwas Paprikapulver würzen. Die Eier in einer Schüssel aufschlagen und mit der Milch verquirlen. Das Mehl in einen Teller geben, die Semmelbrösel in einen anderen. Die Hähnchenteile zuerst in Mehl wenden, dann durch die Eier ziehen und schließlich in den Semmelbröseln gleichmäßig panieren.

In der Zwischenzeit das Öl in einen Topf oder eine Pfanne mit hohem Rand geben und auf 140 °C erhitzen. Die Hähnchenteile darin schwimmend in ca. 20 Min. herausbacken. Kurz vor dem Ende der Backzeit die Petersilie zugeben und kurz mitfrittieren.

Die Hähnchenteile aus dem Öl nehmen, auf Küchenpapier kurz abtropfen lassen und auf einer Platte oder auf Tellern mit der Petersilie und Zitronenspalten anrichten.

Dazu schmeckt je nach Saison: Feldsalat mit Kartoffeln, Kartoffelsalat mit Kürbiskernölmarinade oder Endiviensalat mit warmen Kartoffeln.

Coq au vin

Für 6 Personen

ZUTATEN

1,5 kg Hähnchenteile
(z. B. Hähnchenbrust und -keulen)
Salz, Pfeffer aus der Mühle
100 g Mehl (Type 405)
2 Schalotten
150 g kleine Champignons
1 Zweig Estragon
125 g Speck
2 EL Sonnenblumenöl
3 EL Weinbrand
500 ml Rotwein
500 ml Geflügelfond
(siehe S. 218)
1 Knoblauchzehe
1 gebundenes Bouquet garni
(2 Lauchblätter, 1 Zweig Rosmarin,
5 Zweige Thymian,
5 Stängel Petersilie)
20 g kalte Butter

Die Hähnchenteile kalt abbrausen, trocken tupfen und von allen Seiten mit Salz und Pfeffer würzen, dann in Mehl wenden.

Schalotten schälen und in Würfel schneiden, Champignons putzen und vierteln. Estragon waschen und trocken schütteln. Speck in kleine Würfel schneiden.

In einem Bräter Sonnenblumenöl erhitzen und die Hähnchenteile von allen Seiten kräftig darin anbraten. Schalotten, Speck und Champignons nacheinander zugeben und anbraten.

Weinbrand, Rotwein und Geflügelfond zugießen. Aufkochen lassen. Knoblauchzehe schälen und mit Bouquet garni und Estragon zufügen. Bei mittlerer Hitze ca. 1 Std. schmoren.

Geflügel aus dem Bräter nehmen, auf einer Platte anrichten und im Backofen warm stellen. Die Sauce aus dem Bräter durch ein Sieb in einen Topf gießen, nochmals aufkochen, mit Salz und Pfeffer würzen und abschmecken. Butter in kleine Würfel schneiden und zum Binden unter die Sauce rühren.

Das Geflügel mit der Sauce anrichten und dazu Baguette servieren.

STUBENKÜKEN, HUHN, POULARDE

Hühnersuppe mit asiatischer Note

Für 4 Personen

BRÜHE

1 Suppenhuhn (ca. 1,5 kg)
750 g Hühnerklein (Hälse, Flügel, Mägen usw.)
1 Zwiebel
2 Gewürznelken
1 Lorbeerblatt
2 Möhren
Hellgrünes von 1 Stange Lauch
Salz

EINLAGE

2 Hähnchenbrustfilets
10 g Mu-Err-Pilze (chinesischer Morchelpilz)
Weißes von 1 Stange Lauch
125 g Zuckerschoten
125 g Sojabohnensprossen
125 g Champignons oder braune Egerlinge
1 Dose Bambussprossen (227 g Abtropfgewicht)
1 Dose Wasserkastanien (580 g Abtropfgewicht)
Sojasauce
100 g chinesische Glasnudeln
frischer Koriander oder Petersilie, nach Geschmack

Huhn und Hühnerklein kalt abbrausen und trocken tupfen. Den Bürzel vom Huhn abschneiden und entsorgen. Zwiebel schälen und mit den beiden Nelken spicken. Zusammen mit dem Lorbeerblatt und dem Geflügel in einen großen Topf legen.

Die Möhren schälen und in grobe Stücke schneiden. Den hellen Teil vom Lauch längs halbieren, gut waschen und in breite Stücke schneiden.

Das Gemüse in den Topf geben und ca. 2 l Wasser aufgießen. Salzen und ohne Deckel langsam aufkochen lassen. Wenn sich der dunkle Schaum an der Oberfläche verfestigt hat, vorsichtig mit einem Schaumlöffel abschöpfen. Etwa 1,5 Std. ohne Deckel bei niedriger Hitze köcheln, bei Bedarf nochmals Schaum abschöpfen.

Danach die Brühe durch ein Sieb in einen anderen Topf gießen, das ausgekochte Gemüse und nicht verwertbares Hühnerklein entsorgen. Das Huhn häuten, das Fleisch von den Knochen ablösen und klein schneiden.

Für die Einlage die Hähnchenbrustfilets in Streifen schneiden. Die Mu-Err-Pilze in warmem Wasser einweichen. Das Weiße vom Lauch längs halbieren, gründlich waschen und in feine Ringe schneiden. Die Zuckerschoten waschen und die Enden abschneiden. Die Sprossen waschen und abtropfen lassen. Champignons säubern, Stiele abschneiden und vierteln. Bambussprossen und Wasserkastanien abtropfen lassen. Kastanien vierteln.

Die eingeweichten Mu-Err-Pilze herausnehmen, den harten Stielansatz entfernen und die Pilze in Stücke schneiden. Die durchgesiebte Hühnerbrühe aufkochen und mit Sojasauce kräftig abschmecken. Die Hähnchenbrustfiletstreifen und das Fleisch vom Suppenhuhn zusammen mit den Bambussprossen, Wasserkastanien und Mu-Err-Pilzen etwa 30 Min. köcheln lassen.

Dann die Glasnudeln, Champignons und Sojabohnensprossen zugeben, nach 5 Min. die Zuckerschoten und Lauchringe. Noch 5 bis 10 Min. köcheln lassen. Nochmals mit Sojasauce pikant abschmecken und mit fein gehacktem Koriander oder Petersilie bestreut servieren.

Gebratenes Huhn klassische Art

Für 4 Personen

ZUTATEN

1 großes Huhn (ca. 1,5 kg)
500 g kleine festkochende Kartoffeln
8 mittelgroße Schalotten
½ TL Pfeffer aus der Mühle
2 TL Salz
1 TL gemahlener Kümmel
4 Salbeiblätter
150 g durchwachsener Speck
30 g Butter
250 ml Geflügelbrühe
(siehe S. 219)
1 Bund gehackte glatte Petersilie

Backofen auf 220 °C vorheizen.

Das Huhn kalt abbrausen und trocken tupfen. Kartoffeln und Schalotten schälen, Kartoffeln halbieren und Schalotten würfeln. Pfeffer, Salz und Kümmel mischen und damit das Huhn innen und außen einreiben. Die Schenkel und Flügel fest an den Körper binden und je 2 Salbeiblättchen in die Schenkelbeugen legen (siehe S. 224).

Den Speck in Würfel schneiden, in einer Pfanne knusprig ausbraten und danach die Butter darin schmelzen. Das Huhn in einen Bräter legen und die Butter-Speck-Mischung darüber verteilen. Im Backofen auf mittlerer Schiene ca. 20 Min. braten.

Kartoffeln und Schalotten zugeben und etwas Brühe zugießen. Weitere 40 Min. braten, dabei alle 10 Min. mit etwas Brühe begießen. Das Huhn aus dem Bräter nehmen, tranchieren und mit der Petersilie bestreuen. Zusammen mit den Kartoffeln und Zwiebeln auf Teller anrichten.

Masthuhn aus dem Ofen

Für 4 Personen

ZUTATEN

1 Zweig Rosmarin
1 Zweig Thymian
1,2 kg küchenfertiges Masthuhn
10 Wacholderbeeren
750 g mehligkochende Kartoffeln
2 Zwiebeln
3 Knoblauchzehen
100 g grüner Speck (beim Metzger bestellen)
Salz, Pfeffer aus der Mühle
1 Kräutersträußchen (1 Zweig Estragon, 1 Stängel Petersilie, 1 Zweig Thymian)
1 Lorbeerblatt
50 ml Geflügelfond (siehe S. 218)
200 g Mehl (Type 405)
1 EL Öl

Den Backofen auf 180 °C vorheizen.

Kräuter waschen und trocken schütteln. Das Masthuhn kalt abbrausen, trocken tupfen und mit Rosmarin-, Thymianzweig und Wacholderbeeren füllen. Die Kartoffeln schälen, waschen und in 3 cm große Stücke schneiden. Zwiebeln und Knoblauchzehen schälen. Zwiebeln ebenfalls in 3 cm große Stücke schneiden und Knoblauch fein hacken.

Den Speck in einem Bräter auslassen, herausnehmen und Kartoffeln, Zwiebeln und Knoblauch hellbraun darin anbraten, mit Salz und Pfeffer würzen, dann das Huhn hineinlegen. Den Bräter vom Herd nehmen. Das Kräutersträußchen waschen, trocken schütteln und mit dem Lorbeerblatt in den Bräter geben. Den Geflügelfond zugießen.

Aus Mehl, Öl und etwas lauwarmem Wasser einen zähen Teig kneten. Der Teig hat die richtige Konsistenz, wenn er nicht mehr an den Fingern kleben bleibt. Den Teig zu einer langen Wurst rollen, auf den Topfrand setzen und den Deckel fest andrücken. Jetzt kann weder Dampf noch Flüssigkeit entweichen und der Geschmack bleibt im Topf.

Das Huhn ca. 45 Min. im Backofen garen, herausnehmen und den Teig vom Deckel abklopfen. Kräutersträußchen und Lorbeerblatt entfernen und das Huhn im Bräter servieren.

Platthuhn

Für 2 Personen

ZUTATEN
1 Hähnchen (ca. 1 kg)
Salz, Pfeffer aus der Mühle
5 Zweige Rosmarin
4 EL Olivenöl
1 Ziegelstein, in Alufolie
Saft von 1 Zitrone
125 ml trockener Weißwein
20 g Butter

Den Backofen auf 200 °C vorheizen.

Den Rückenknochen des Hähnchens mit der Geflügelschere der Länge nach durchtrennen. Das Geflügel kalt abbrausen, trocken tupfen, innen und außen mit Salz und Pfeffer einreiben und dann mit der aufgeschnittenen Seite nach unten auf die Arbeitsplatte legen. Mit den Händen von oben fest draufdrücken, bis es platt ist. Kleine Schlitze in die Haut auf Keulen und Brust schneiden (siehe S. 224).

Rosmarinzweige waschen, trocken schütteln, kleiner schneiden und die kleinen Zweige in die Schlitze stecken. 1 EL Öl in einem Bräter verteilen. Das Hähnchen mit den Knochen nach unten hineinlegen und mit dem präparierten Stein beschweren. Im Backofen ca. 60 Min. braten. In der Zwischenzeit Zitronensaft mit dem restlichen Olivenöl mischen und das Huhn nach ca. 30 Min. damit einpinseln.

Das gegarte Geflügel aus dem Bräter nehmen und warm halten. Den Bratensatz vom Boden des Bräters mit dem Wein lösen und die Butter in Flocken nach und nach mit einem Rührbesen unter den Bratfond mischen, der dadurch leicht gebunden wird. Zuletzt die Sauce mit Salz und Pfeffer abschmecken und zum Huhn servieren.

> **TIPP** Durch das Plattdrücken gart das Huhn schöner und gleichmäßiger durch und sieht natürlich auch viel origineller aus.

STUBENKÜKEN, HUHN, POULARDE

Poulardenessenz mit Maultaschen und Morcheln

Für 4 Personen

POULARDENESSENZ
2 Poulardenkeulen
80 g Möhre
80 g Knollensellerie
80 g Lauch
4 Eiweiß
50 ml Süßwein
2 Tomaten
800 ml Geflügelbrühe
(siehe S. 219)

MAULTASCHEN
4 Eigelb
1 Ei
200 g Mehl (Type 405)
etwas Öl
Salz
2 Poulardenbrüste
50 g Sahne
Pfeffer aus der Mühle
20 g Möhre
20 g Knollensellerie
20 g Zucchini
20 g Blattspinat

GEMÜSE
8 grüne oder weiße Spargelspitzen
16 Blumenkohlröschen
8 Fingermöhren
100 g Zuckerschoten
100 g Erbsen
Salz
150 g Frühlingsmorcheln
2 EL Butter
100 g Perlzwiebeln

AUSSERDEM
einige Kerbelblättchen

Das Fleisch der Poulardenkeulen trocken tupfen. Möhre und Sellerie putzen und schälen. Lauch putzen und waschen. Das Gemüse mit dem Poulardenfleisch durch einen Fleischwolf drehen. Die Masse mit Eiweißen und Süßwein vermischen. Die Tomaten waschen, Strünke entfernen, klein schneiden und ebenfalls zugeben. Alles in die kalte Geflügelbrühe rühren. Die Brühe in einen Topf geben und bei mittlerer Hitze zum Kochen bringen. Dabei öfter am Boden des Topfes rühren. Etwa 45 Min. ziehen lassen und durch ein Passiertuch gießen.

Eigelbe, Ei, Mehl, Öl und Salz miteinander verkneten und ca. 30 Min. ruhen lassen. 50 g Poulardenbrust in kleine Würfel schneiden und in einem Mixer mit Sahne, Salz und Pfeffer zu einer Farce mixen. Möhre, Sellerie und Zucchini in kleine Würfel schneiden, in Salzwasser bissfest kochen, abschrecken und zur Farce dazugeben. Den Spinat kurz in Salzwasser blanchieren und auf einem Tuch trocknen. Die restliche Poulardenbrust mit etwas Geflügelbrühe in einem Topf etwa 10 Min. gar ziehen lassen. Den Nudelteig dünn ausrollen und mit der Farce bestreichen. Die pochierte Poulardenbrust in Scheiben schneiden. Die Hälfte der Scheiben in Spinat einpacken und auf die Farce legen (die andere Hälfte beiseitelegen). In den Nudelteig einschlagen und auf beiden Seiten festdrücken, sodass eine Maultasche entsteht. In kochendes Salzwasser geben und ca. 8 Min. ziehen lassen.

Spargelspitzen, Blumenkohlröschen, Fingermöhren, Zuckerschoten und Erbsen entsprechend putzen, waschen und schälen. Dann in Salzwasser bissfest blanchieren und mit kaltem Wasser abschrecken. Die Frühlingsmorcheln waschen, halbieren und in einer Pfanne mit 1 EL Butter anbraten. Die Perlzwiebeln schälen, in der restlichen Butter anbraten und beiseitestellen.

Die andere Hälfte der Poulardenbrustscheiben mit dem Gemüse, den Morcheln und den Perlzwiebeln auf tiefe Teller verteilen. Die Maultaschen in Scheiben schneiden. Je zwei Scheiben pro Suppe in die Teller geben und die heiße Poulardenessenz darüber gießen. Mit Kerbel garnieren und sofort servieren.

TIPP Anstelle der Frühlingsmorcheln können auch andere Pilze, wie z. B. Champignons oder Pfifferlinge, verwendet werden.

Pochierte Poulardenbrust, gefüllt mit Gänseleber an Portweinsauce

Für 4 Personen

POULARDENBRUST
2 Poularden oder 4 Poulardenbrüste
200 g Gänseleberterrine
Salz, Pfeffer aus der Mühle
500 ml Geflügelbrühe
(siehe S. 219)

PORTWEINSAUCE
100 ml Geflügelbrühe
(siehe S. 219)
300 g Sahne
100 ml heller Portwein
50 g kalte Butterwürfel
Salz, Pfeffer aus der Mühle

Die Poulardenbrüste auslösen, die Haut entfernen und eine Tasche von der schmalen Seite her in die gesamte Brust schneiden.

Die Gänseleberterrine in 4 Stücke schneiden und die Brüste damit füllen. Das Fleisch mit Salz und Pfeffer würzen, in Frischhaltefolie einrollen und luft- und wasserdicht verschlossen in der Geflügelbrühe knapp unter dem Siedepunkt bei 98 °C ca. 10 Min. pochieren.

Die Geflügelbrühe mit Sahne und Portwein bei schwacher Hitze ca. 10 Min. einkochen. Die kalte Butter einrühren und die Sauce damit leicht binden. Mit Salz und Pfeffer abschmecken.

Die pochierten, gefüllten Poulardenbrüste schräg aufschneiden und mit der Portweinsauce übergießen. Dazu einen Klecks Remouladensacue und hart gekochte Eier servieren.

STUBENKÜKEN, HUHN, POULARDE

Poularde mit Spinat-Ricotta-Füllung und warmem Kräuteröl

Für 4 Personen

POULARDE UND GEMÜSE
1 Poularde (ca. 1,2 kg)
Salz, Pfeffer aus der Mühle
150 g aufgetauter gehackter Spinat
4–5 Blätter Liebstöckel
200 g Ricotta
3 Eigelb
1 Msp. Muskatblüte
12 Schalotten
1 Knoblauchzehe
12 junge Möhren
1 kleine Stange Lauch
3 EL Olivenöl
1 Zweig Rosmarin
2 Zweige Thymian
4 große festkochende Kartoffeln

KRÄUTERÖL
250 g gemischte Kräuter (überwiegend Basilikum, glatte Petersilie, etwas Zitronenthymian, Koriander, Pimpinelle und Spinatsalat)
200 ml Olivenöl

Die Poularde kalt abbrausen, trocken tupfen, innen und außen mit Salz und Pfeffer würzen. Den Spinat auspressen. Liebstöckel waschen, trocken schütteln und fein schneiden. Den Ricotta mit Spinat, Liebstöckel und Eigelben vermischen und mit Salz, Pfeffer und Macis würzen. Die Ricottafüllung in die Öffnung der Poularde geben und mit einem Bindfaden zunähen oder mit einem Metallspießchen verschließen.

Schalotten und Knoblauch schälen. Möhren ebenfalls schälen. Den Lauch putzen, waschen und in Ringe schneiden.

Den Backofen auf 200 °C vorheizen. In einem Bräter das Olivenöl erhitzen, die Poularde darin rundherum anbraten, auf den Rücken setzen und in den Backofen schieben. Nach 10 Min. das vorbereitete Gemüse und die gewaschenen Kräuterzweige dazugeben. Die Poularde auf das Gemüse setzen und wieder in den Backofen schieben. Die Kartoffeln schälen, jede zu einem rechteckigen Würfel schneiden, eine etwa 5 mm dicke Scheibe abschneiden und den Würfel mit einem Ausstecher aushöhlen. Das Kartoffelkästchen mit dem Deckel in Salzwasser weich kochen, herausnehmen, abtropfen lassen und warm halten. Nach ca. 70 Min. sollte die Poularde goldbraun und gar sein.

Für das Öl die Kräuter waschen, trocken schütteln, Blätter abzupfen und klein schneiden. Kräuter und Öl in einen Mixer geben und fein pürieren. Kurz erhitzen und durch ein feines Sieb gießen.

Die Poularde tranchieren, das Schmorgemüse mit Salz und Pfeffer würzen und auf Teller anrichten. Das noch warme Kräuteröl, in die Kartoffeln füllen, mit dem Deckel verschließen und mit der Poularde servieren.

Maispoulardenbrust mit Rosmarinkruste und Gemüserisotto

Für 4 Personen

GEMÜSERISOTTO
4 Schalotten
100 ml Olivenöl
180 g Risottoreis (Arborio)
4 Stangen weißer Spargel
5 Stangen grüner Spargel
50 g Keniabohnen
200 ml Wasser oder
Geflügelbrühe (siehe S. 219)
50 g Zuckerschoten
3 Fingermöhren
40 g aufgetaute Erbsen
½ Zucchini
3 Fleischtomaten
100 ml Weißwein
Salz, Pfeffer aus der Mühle
40 g Parmesan

MAISPOULARDENBRUST
4 Maispoulardenbrüste
Salz, Pfeffer aus der Mühle
¼ Bund Rosmarin
5 EL Olivenöl
100 ml Geflügeljus
(siehe S. 218)

Die Schalotten schälen, würfeln, in Olivenöl in einem Topf andünsten und den Reis zugeben. Nacheinander den in 3 cm lange Stücke geschnittenen Spargel und die Bohnen zufügen und mit Wasser oder Brühe aufgießen. Das Gemüse gibt dem Reis den Geschmack, soll aber nicht zu weich gekocht werden. Je nach Garzeit nach und nach das restliche Gemüse in 3 cm große Stücke geschnitten unter den Reis heben. Am besten gart der Risotto, wenn er knapp unter 100 °C nahe dem Kochpunkt in den Ofen gestellt wird.

Wenn Reis und Gemüse weich sind, den Weißwein einrühren, um den Risotto zähfließend zu halten, mit Salz und Pfeffer abschmecken. Den Parmesan reiben und unterheben.

Den Backofen auf 210 °C vorheizen. Die Maispoulardenbrüste trocken tupfen, mit Salz und Pfeffer würzen. Rosmarin waschen, trocken schütteln, Nadeln abzupfen, fein hacken und die Brüste damit garnieren. Die Poulardenbrüste in einer ofenfesten Pfanne im heißem Olivenöl von beiden Seiten anbraten und im Backofen ca. 10 Min. braten.

Den fertigen Risotto in der Mitte anrichten und die knusprig gebratenen Maispoulardenbrüstchen darauf setzen. Mit warmer Geflügeljus umgießen und servieren.

STUBENKÜKEN, HUHN, POULARDE

Frikadelle von Poularde und Shrimps auf Zitronengrasspieß

Für 12 Spieße

POULARDENFRIKADELLE
400 g Shrimps
(tiefgekühlt oder in der Lake)
400 g Poulardenbrust
ohne Haut
½ Bund Koriander
2 Eier
2 TL Speisestärke
Salz, Pfeffer aus der Mühle
rosenscharfes Paprikapulver
6 Stängel Zitronengras
Rapsöl zum Frittieren

POMELO-SALAT
1 Pomelo
1 rote Chilischote
1 Stück Ingwer (4 cm lang)
160 ml Orangensaft
Saft von 1 Limette
2 EL Fischsauce
2 EL flüssiger Honig
1 Msp. gemahlener Safran

Die Shrimps abtropfen lassen. Das Poulardenfleisch waschen, trocken tupfen und zusammen mit den Shrimps in einem Standmixer pürieren.

Den Koriander waschen, trocken schütteln und fein schneiden. Mit dem Ei und der Stärke zur Hackmasse geben. Alles kräftig mit Salz, Pfeffer und Paprikapulver würzen und gut durchkneten.

Aus dem Zitronengras 12 Spieße schneiden. Die Hackmasse zu 12 gleich großen Kugeln formen, auf das Zitronengras aufspießen und gut andrücken. Die Spieße schwimmend im Rapsöl ca. 2 Min. frittieren. Herausnehmen und auf Küchenpapier abtropfen lassen.

Für den Salat die Schale der Pomelo samt der weißen Haut abschälen. Die Filets herauslösen und grob klein schneiden. Chilischote waschen, längs hal-bieren, Kerne entfernen und in Streifen schneiden. Ingwer schälen und fein hacken.

Orangen- und Limettensaft sirupartig einkochen. Vorbereitete und restliche Zutaten zugeben und die Flüssigkeit fast vollständig verdunsten lassen. Die Poulardenfrikadellen mit dem Pomelo-Salat anrichten.

Geflügelterrine mit Cumberlandsauce

Für 12 Personen
(Standzeit mind. 24 Std.)

CUMBERLANDSAUCE
½ Bio-Orange
80 ml Geflügeljus
(siehe S. 218)
100 ml Orangensaft
80 ml roter Portwein
½ Vanilleschote
180 g Preiselbeerkonfitüre

GEFLÜGELTERRINE
3 Poulardenschenkel
3 Entenschenkel
grobes Salz, Pfeffer aus der Mühle
2 Zweige Thymian
2 Zweige Rosmarin
Öl zum Braten
2 Lorbeerblätter
3 Sternanis
1 l flüssiges Entenfett
4 Schalotten
3 Knoblauchzehen
1 Apfel
1 EL Rosinen
100 g Butter
2 EL Pistazienkerne

AUSSERDEM
Fleur de Sel
1 TL Schnittlauchröllchen
2 Handvoll Wildkräutersalat
8 geröstete Baguettescheiben

Für die Cumberlandsauce die Orange heiß abwaschen, trocken reiben und die Schale abreiben. Zusammen mit den restlichen Zutaten in einen Topf geben und um die Hälfte einkochen. Dann kalt stellen.

Den Backofen auf 80 °C vorheizen. Für die Terrine die Geflügelkeulen kalt abbrausen und trocken tupfen. Mit grobem Salz und Pfeffer würzen. Die Kräuter waschen und trocken schütteln. Die Keulen in einem Bräter in etwas heißem Öl rundherum goldbraun braten. Kräuter, Lorbeerblätter und Sternanis zugeben. Mit dem Entenfett aufgießen und abgedeckt im Backofen ca. 12 Std. confieren.

Anschließend die Keulen aus dem Entenfett nehmen. Die Haut entfernen und beiseitelegen. Das Fleisch von den Knochen lösen und noch warm mit einer Gabel klein zupfen. Die Haut separat fein hacken und im Backofen bei 200 °C ca. 8-10 Min. kross backen.

Schalotten und Knoblauch schälen und fein hacken. Apfel schälen, entkernen und würfeln. Schalotten, Knoblauch, Apfel und Rosinen in der Butter anschwitzen. Etwas abkühlen lassen und mit dem Fleisch und der krossen Haut mischen. Die Pistazien in einer Pfanne ohne Zugabe von Fett rösten, anschließend grob hacken und ebenfalls zur Masse geben. Alles mit Salz und Pfeffer abschmecken.

Die Masse in eine mit Backpapier ausgekleidete Terrinenform (28 cm) füllen, mit Folie abdecken und mit etwas passendem beschweren. Mindestens 12 Std. kalt stellen.

Kurz vor dem Anrichten aus der Form stürzen und in Scheiben schneiden. Mit Salz und Schnittlauchröllchen bestreuen. Den Wildkräutersalat waschen und trocken schleudern. Zusammen mit der Terrine, dem gerösteten Baguette und der Cumberlandsauce servieren.

STUBENKÜKEN, HUHN, POULARDE

Geflügellebercreme und Malzbrot

PASTETENGEWÜRZ
Für ca. 30 g
15 g frisch gemahlener Pfeffer
5 g Pimentkörner
2 g frisch geriebene Muskatnuss
2 g Zimtpulver
1 Gewürznelke
1 Lorbeerblatt
1 Zweig Majoran, fein gehackt
1 Zweig Rosmarin, fein gehackt
2 Salbeiblätter, fein gehackt

LEBERCREME
Für ca. 700 g
300 g Geflügelleber
50 ml roter Portwein
10 g Salz
7 g selbst gemachtes Pastetengewürz
2 Eier
300 g zimmerwarme Butter

MALZBROT
Für 2 Brote
(Standzeit mind. 2 Std.)
300 ml lauwarmes Wasser
20 g Salz
10 g Zucker
50 g Malzpulverextrakt
42 g frische Hefe (1 Würfel)
1 EL Honig
500 g Mehl (Type 405)
Mehl (Type 405) zum Bearbeiten

AUSSERDEM
12 eingelegte Kapernbeeren
einige feine Schafgarbenstängel
1 kleine Schalotte, in Ringen

Für das Pastetengewürz alle Zutaten in einem Mörser fein zermahlen. In ein Glas mit Schraubverschluss geben und trocken, kühl und dunkel lagern. Das Pastetengewürz hält sich dann etwa 6 Monate.

Für die Zubereitung der Lebercreme den Backofen mit einem tiefen Blech mit Wasser gefüllt auf 80 °C (Umluft) vorheizen.

Die Leber von Sehnen und Silberhäuten befreien und in etwa fingerdicke Würfel schneiden. Portwein in einem kleinen Topf auf die Hälfte einkochen, Salz und Pastetengewürz zugeben und etwas abkühlen lassen.

Die gewürfelte Leber mit der Reduktion und den Eiern in einem Mixer zu einer feinen Masse pürieren. Nach und nach die Butter zugeben. Dabei darauf achten, dass sich die Masse nicht trennt. Das fertige Gemisch durch ein feines Sieb streichen. Randvoll in sterile Gläser füllen, verschließen und im Wasserbad im Ofen ca. 40 Min. garen. Danach langsam auskühlen lassen.

Für die Brote die Zutaten, bis auf das Mehl, mithilfe eines Pürierstabs aufmixen. Das Mehl in die Rührschüssel einer Küchenmaschine geben und mit dem Hefegemisch zu einem glatten Teig verkneten. Dann abgedeckt bei Zimmertemperatur mindestens 2 Std. gehen lassen, bis sich das Volumen verdoppelt hat. Backofen auf 210 °C (Umluft) vorheizen. Zwei Brotkastenformen (25 cm) mit Mehl ausstreuen. Eine ofenfeste Schale mit Wasser zusammen mit den Broten in den Ofen geben und ca. 10 Min. backen. Die Schale mit dem Wasser herausnehmen – Vorsicht: heiß! – und die Backofentemperatur auf 170 °C reduzieren. Die Brote weitere 20 Min. backen. Herausnehmen und auskühlen lassen.

Das Malzbrot in nicht zu dünne Scheiben aufschneiden. Großzügig mit der Lebercreme bestreichen, mit den Kapernbeeren, Schafgarbenstängeln und Schalottenringen belegen und servieren.

TIPP Sollte sich die Lebermasse trennen, so kann man sie in einem Wasserbad bei ca. 35 °C unter ständigem Rühren wieder zu einer homogenen Masse zusammenführen.

Sellerie-Birnen-Schaumsuppe mit Geflügelleber

Für 4 Personen

SELLERIE-BIRNEN-SCHAUMSUPPE

1 Zwiebel
2 Birnen
30 g Butterschmalz
500 g Knollensellerie
Salz, Pfeffer aus der Mühle
frisch geriebene Muskatnuss
600 ml Gemüsefond
40 ml süßer Weißwein
300 g Sahne
1 EL Speisestärke

GEFLÜGELLEBER

80 g Geflügelleber
30 g Butterschmalz
Salz, Pfeffer aus der Mühle
10 ml Süßwein

AUSSERDEM

2 Birnen
1 Zitrone
1 EL Puderzucker
100 g geschlagene Sahne

Die Zwiebel schälen und in feine Würfel schneiden. Die Birnen schälen, vom Kerngehäuse befreien und in Spalten schneiden. Beides in Butterschmalz andünsten. Sellerie schälen, klein schneiden und hinzugeben. Mit Salz, Pfeffer und Muskatnuss würzen und mit Gemüsefond ablöschen. Den Weißwein zugießen und den Sellerie weich kochen. Zum Schluss die Sahne zugeben, nochmals aufkochen lassen und mit einem Pürierstab fein pürieren. Durch ein Sieb gießen und mit in etwas Wasser aufgelöster Stärke binden.

Die Leber putzen, in der Pfanne mit Butterschmalz anbraten, salzen und pfeffern. Mit Süßwein ablöschen. Aus der Pfanne nehmen, warm stellen und zum Anrichten in Stücke schneiden.

Für die Suppeneinlage eine Birne schälen, auf einer Aufschnittmaschine längs in 2 mm dünne Scheiben schneiden. Mit Zitronensaft beträufeln und mit Puderzucker bestäuben. Auf einem Backblech im Ofen bei 50 °C (Umluft) ca. 3 Std. trocknen lassen.

Die zweite Birne schälen und kleine Kugeln ausstechen oder in Würfel schneiden. Mit Zitronensaft beträufeln. Die geschlagene Sahne zum Schluss unter die Suppe heben.

Die Suppe in Teller verteilen und mit Leber, Birnenscheiben und -kugeln bzw. -würfeln angerichtet servieren.

Ente

GEFLÜGEL

Entenleberterrine mit Pflaumen in Obstler mariniert

Für 10 Personen
(Standzeit 3-4 Tage)

ZUTATEN
1-2 Entenlebern (ca. 600 g)
100 ml Obstler
50 ml Madeira
50 ml Sherry
Salz, Pfeffer aus der Mühle
etwas Zucker
etwas Pastetengewürz
(siehe S. 101)
200 g Soft-Pflaumen
einige grüne Pfefferkörner

AUSSERDEM
10 Scheiben frischer Hefezopf
etwas Butter
4 TL Weingelee

Die Entenlebern putzen und häuten. Mit Obstler, Madeira und Sherry übergießen und abtropfen lassen. Mit Salz, Pfeffer, Zucker und Pastetengewürz würzen.

In eine passende Terrinenform Lebern, Pflaumen und grüne Pfefferkörner gleichmäßig verteilen, fest hineinpressen und oben flach drücken. Über Nacht kalt stellen.

Im vorgeheizten Backofen bei 65 °C ca. 1,5 Std. garen. Mit einem Brett und einem Gewicht gleichmäßig beschweren und auskühlen lassen. Mindestens 2-3 Tage im Kühlschrank ruhen lassen.

Die Entenleberterrine in Scheiben schneiden und mit einem runden Ausstecher (Ø 8 cm) ausstechen. Hefezopfscheiben in wenig Butter anbraten und die Mitte ebenfalls mit dem Ausstecher ausstechen. Die Entenleberterrine hineinlegen und mit Weingelee rundherum anrichten.

Entenleberparfait und Nektarinenchutney

Für 4 Personen

QUITTENCHIPS
(Standzeit über Nacht)
1 Quitte
Puderzucker zum Bestäuben

NEKTARINENCHUTNEY
2 Nektarinen
1 rote Chilischote
1 Schalotte
1 TL Olivenöl
1 Spritzer Zitronensaft

ENTENLEBERPARFAIT
1 Knoblauchzehe
200 ml Süßwein
50 ml Quittenlikör
50 ml Wildgeflügelbrühe
(siehe S. 221)
1 Zweig Thymian
500 g Wildentenlebern
3 Eier
250 g geklärte Butter
250 g Sahne
20 g Pökelsalz
weißer Pfeffer aus der Mühle

Für die Chips die Quitte gründlich waschen und auf der Aufschnittmaschine in sehr dünne Scheiben schneiden. Auf eine Silikon-Backmatte legen und mit Puderzucker bestäuben. Im Backofen bei 40-50 °C über Nacht trocknen lassen.

Für das Chutney die Nektarinen waschen, entsteinen und in Würfel schneiden. Chilischote waschen, längs halbieren, entkernen und in sehr feine Streifen schneiden. Die Schalotte schälen, sehr fein würfeln und in Olivenöl anschwitzen. Chili und Nektarinen zugeben, einmal aufkochen lassen und mit Zitronensaft abschmecken. In ein Einmachglas füllen und kalt stellen.

Für das Entenleberparfait die Knoblauchzehe schälen und klein schneiden. Süßwein, Quittenlikör, Brühe, Thymian und Knoblauch etwa 10 Min. auf 200 ml einkochen, den Thymianzweig entfernen und die Reduktion auf Zimmertemperatur abkühlen lassen.

Die Wildentenlebern putzen, von Sehnen befreien und in einem schmalen, hohen Gefäß mit den Eiern und der abgekühlten Reduktion fein mixen.

Die geschmolzene, leicht abgekühlte Butter mit der Sahne vermischen. Das handwarme Butter-Sahne-Gemisch ganz langsam unter die Lebermasse mixen. Dabei die Temperatur unbedingt halten, da sich sonst die Komponenten nicht verbinden. Mit Pökelsalz und Pfeffer würzen und durch ein feines Sieb passieren.

Den Backofen auf 100 °C vorheizen. Die Masse in eine Terrinenform füllen und im Wasserbad ca. 30 Min. pochieren. Mit einem Holzstab prüfen, ob das Parfait fest ist.

Die fertige Terrine mit einem Messer von den Rändern lösen, aus der Form stürzen und auskühlen lassen. Zum Anrichten in Scheiben schneiden.

Jeweils 3 Parfaitscheiben auf Teller anrichten. Mit Nektarinenchutney und Quittenchip garniert servieren.

Bauernente mit Rahmwirsing und Serviettenknödel

Für 4 Personen

BAUERNENTE

1 Bauernente (ca. 2–2,5 kg)
2 Äpfel
2 Zwiebeln
3 Zweige Majoran
Salz, Pfeffer aus der Mühle
4 EL Olivenöl
40 g Knollensellleriewürfel
40 g Möhrenwürfel
40 g Lauchwürfel
1 Knoblauchzehe, gehackt
1 EL Tomatenmark
120 ml Rotwein
200 ml Geflügelfond
(siehe S. 218)
2 EL Dijonsenf
Maisstärke zum Binden

RAHMWIRSING

500 g Wirsing
50 g Speckwürfel
50 g Zwiebelwürfel
100 ml Weißwein
100 g Sahne
Salz, Pfeffer aus der Mühle
Muskatnuss

SERVIETTENKNÖDEL

500 g frische Weißbrotwürfel
200 g Sahne
100 ml Milch
1 Zwiebel, gewürfelt
1 EL Olivenöl
3 Eier
Salz, Pfeffer aus der Mühle
frisch geriebene Muskatnuss

Die Ente putzen, kalt abbrausen, trocken tupfen und die Flügel abschneiden. Die Äpfel waschen, vierteln, Kerngehäuse entfernen und klein würfeln. Zwiebeln schälen und ebenfalls würfeln. Majoran waschen, trocken schütteln und die Blätter abzupfen. Apfel- und die Hälfte der Zwiebelwürfel mit Salz, Pfeffer und Majoranblättchen vermischen und die Ente damit füllen.

Den Backofen auf 180 °C vorheizen. Die Ente in einer Pfanne mit der Brustseite in heißem Olivenöl anbraten. Das klein geschnittene Gemüse und den Knoblauch goldbraun rösten, das Tomatenmark kurz mitrösten und mit Rotwein ablöschen. Geflügelfond oder Wasser angießen, Senf einrühren und die Ente mit der Brust nach oben für 1–1,5 Std. im Backofen braten, dabei ab und zu mit Bratensaft übergießen. Die gebratene Ente aus dem Ofen nehmen und ca. 20 Min. ruhen lassen. In der Zwischenzeit den Bratensaft durch ein feines Sieb passieren, mit Salz und Pfeffer abschmecken und, wenn notwendig, mit in etwas Wasser aufgelöster Stärke binden.

Den Wirsing vom Strunk befreien, in Streifen schneiden und 2 Min. in reichlich kochendem Wasser blanchieren. Danach in Eiswasser abschrecken und gut abtropfen lassen.. Speckwürfel auslassen, die Zwiebelwürfel darin anschwitzen, mit Weißwein ablöschen, kurz aufkochen lassen, die Sahne einrühren und noch etwas köcheln lassen. Mit Salz, Pfeffer und Muskatnuss kräftig abschmecken und mit in etwas in Wasser aufgelöster Stärke binden. Zum Schluss den Wirsing zugeben. .

Den Backofen auf 200 °C vorheizen. Für die Knödel die Weißbrotwürfel mit lauwarmer Sahne und Milch übergießen. Die Zwiebelwürfel in Olivenöl anschwitzen. Zusammen mit Eiern, Salz, Pfeffer und Muskatnuss zugeben, gut durchmischen und ca. 30 Min. quellen lassen. Die Masse auf eine Klarsichtfolie geben und zu einer Rolle wickeln (etwa 20 cm lang und 4 cm dick). Die Rolle in Alufolie einwickeln und im Backofen im Wasserbad ca. 40 Min. pochieren. Zum Servieren in Scheiben schneiden.

ENTE

Gebratene Ente auf geschmorten roten Zwiebeln mit Beifuß

Für 4 Personen

GEBRATENE WILDENTE
1 küchenfertige Ente (à ca. 1,2 kg)
Salz
Pfeffer aus der Mühle
1 Bund Beifuß
3 rote Zwiebeln
1 EL Butter
1 TL Zucker
Sonnenblumenöl zum Frittieren

GEFÜLLTE ZWIEBELN
4 rote Zwiebeln
Salz
60 g Butter
60 g Semmelbrösel
3 EL gehackte Kräutermischung
(z.B. Petersilie, Schnittlauch)
Pfeffer aus der Mühle

Den Backofen auf 180 °C vorheizen.

Das Entenklein herausnehmen, die Ente kalt abbrausen, trocken tupfen, innen und außen mit Salz und Pfeffer würzen und mit 3 Stängeln Beifuß füllen. In einen Bräter geben, den Boden 2 cm hoch mit Wasser bedecken und im Backofen ca. 45 Min. schmoren. In der Zwischenzeit die roten Zwiebeln schälen, in Sechstel schneiden, in einer Kasserolle in Butter mit Zucker anschwitzen und beiseitestellen. Den restlichen Beifuß in 160 °C heißem Öl frittieren und auf Küchenpapier abtropfen lassen.

Den Backofengrill auf 200 °C vorheizen. Die roten Zwiebeln schälen, kurz in Salzwasser kochen, herausnehmen, mit einem Messer einschneiden und mit Hilfe eines Löffels von oben zur Hälfte aushöhlen. Butter aufschlagen, mit den Semmelbröseln und den Kräutern verrühren und mit Salz und Pfeffer würzen. Die Zwiebeln mit der Masse füllen. Zum Fertiggaren die gefüllten Zwiebeln zusammen mit den geschmorten Zwiebeln unter dem Backofengrill goldbraun gratinieren.

Von der Ente die Keulen und Brüste auslösen und halbieren. Etwas Bratensud zu den geschmorten Zwiebeln geben. Die Fleischstücke auf einem Bett aus geschmorten Zwiebeln anrichten und mit der gefüllten Zwiebel und den frittierten Beifußblättern garniert servieren.

Leicht geräucherte Knoblauchsuppe mit Taubenbrust

Für 4 Personen

ZUTATEN

1 Knoblauchknolle
1 Kartoffel
100 g Knollensellerie
100 g Weißes vom Lauch
1 EL Butterschmalz
200 ml Weißwein
700 ml Wildgeflügelbrühe
(siehe S. 221)
200 g Sahne
Speisestärke zum Binden
Salz
Pfeffer aus der Mühle
4 Wildtaubenbrüste
Sonnenblumenöl zum Anbraten
2 EL geschlagene Sahnen

AUSSERDEM

100 g Sägespäne

Den Knoblauch quer halbieren und in einer Pfanne mit Sagespänen bei starker Hitze zugedeckt ca. 3–5 Min. räuchern. Von der Kochstelle nehmen und ca. 1 Std. vollständig abkühlen lassen.

Die Kartoffel schälen und in Würfel schneiden. Knollensellerie putzen und schälen. Lauch putzen und waschen. Beides in feine Würfel schneiden und mit der Kartoffel in Butterschmalz anschwitzen. Die Knoblauchzehen aus der Schale lösen, kurz mitbraten und sofort mit dem Weißwein ablöschen. Die Brühe zugießen und ca. 10 Min. kochen lassen.

Den Knoblauch herausnehmen, beiseitestellen und die Suppe mixen. Sahne zugießen, nochmals aufkochen und eventuell mit Speisestärke binden. Mit Salz und Pfeffer abschmecken und die Knoblauchzehen wieder zugeben.

Den Backofen auf 180 °C vorheizen. Die Taubenbrüste in Sonnenblumenöl auf der Hautseite anbraten, wenden und im Backofen fertig braten, bis eine Kerntemperatur von 55 °C erreicht ist.

Die Suppe in Suppentellern verteilen und mit jeweils 1 TL geschlagener Sahne garnieren. Die Taubenbrüste aufschneiden und in der Suppe anrichten.

Pasta mit Entenragout

Für 4 Personen

ZUTATEN

400 g Entenbrustfilets
1 Zucchini
1 rote Paprika
1 rote Chilischote
1 Knoblauchzehe
2 Stängel Minze
1 TL brauner Zucker
Salz, Pfeffer aus der Mühle
50 ml Rotwein
1 Dose geschälte Tomaten (850 g)
400 g Penne
Parmesan

Die Entenbrustfilets trocken tupfen. Die Fettseite entfernen und das Fett in kleine Stücke schneiden. Das Fleisch in dünne Streifen schneiden.

Zucchini und Paprika putzen, waschen und würfeln. Die Chili längs halbieren, entkernen und quer in dünne Streifen schneiden. Den Knoblauch schälen. Die Minze waschen, trocken schütteln, Blätter abzupfen und fein hacken.

In einer Pfanne bei mittlerer Hitze das Entenfett auslassen, sich lösende Hautstücke herausnehmen. In dem ausgelassenen Fett die Filetstreifen kurz anbraten, den Knoblauch hineinpressen und die Chilistreifen sowie die Hälfte der Minze dazugeben. Das Entenfleisch aus der Pfanne nehmen und zur Seite stellen.

In der noch heißen Pfanne die Gemüsewürfel kurz anbraten. Mit Zucker, Salz und Pfeffer würzen. Mit Rotwein und Dosentomaten ablöschen und 10 Min. einkochen lassen.

Das Entenfleisch in die Sauce geben und kurz aufkochen. Die restliche Minze über das Entenragout streuen und nochmals mit Salz und Pfeffer abschmecken.

Die Pasta nach Packungsangabe in Salzwasser bissfest garen und in einem Sieb abtropfen lassen. Mit dem Entenragout anrichten. Mit frisch geriebenem Parmesan bestreut servieren.

Ente à l'orange

Für 4 Personen

ZUTATEN
2 dicke Entenbrüste mit Haut
3 Bio-Orangen
Öl zum Braten
200 ml Orangenlikör
(z. B. Grand Marnier)
Salz, Pfeffer aus der Mühle
200 g Sahne
1 TL Fleischbrühe (Instant)
1 EL Aceto balsamico

Die Entenbrüste trocken tupfen. Mit einem scharfen Messer die Fetthaut rautenförmig einritzen, dabei aber nicht bis ins Fleisch schneiden.

Eine Orange heiß waschen, trocknen und etwa 1–2 EL Schale so dünn abschälen, dass nichts von der weißen, bitteren Innenhaut daran hängen bleibt. Die Schale in feine Streifen schneiden und beiseitestellen. Zwei Orangen auspressen, die dritte Orange mit einem scharfen Messer bis ins Fruchtfleisch schälen und die Filets mit einem Messer aus den hellen Trennhäuten schneiden. Dabei den Saft auffangen und zu dem ausgepressten Saft geben.

Eine Pfanne mit ein wenig Öl stark erhitzen. Die Entenbrüste mit der Fettschicht nach unten in die Pfanne legen, 8 Min. braten. Dann wenden, mit Orangenlikör übergießen und noch weitere 5 Min. braten. Die Entenbrüste aus der Pfanne nehmen, salzen und pfeffern, in Alufolie wickeln und beiseitelegen.

Den Bratensatz mit dem Orangensaft ablöschen. Die Sahne angießen, Brühepulver und Aceto balsamico zugeben und etwa 5 Min. einköcheln lassen. Die Orangenfilets und die Schalenstreifen in die Sauce geben, mit Salz und Pfeffer abschmecken.

Die Entenbrüste aus der Folie nehmen, den ausgetretenen Fleischsaft in die Sauce gießen. Das Fleisch von der Fettschicht weg in Scheiben schneiden. Die Entenbrustscheiben in die Sauce geben, kurz erwärmen und servieren. Dazu Rotkohl und Kartoffelplätzchen oder aber klassisch Baguette servieren.

Entenkeulen mit Fenchel-Orangen-Gemüse

Für 4 Personen

ZUTATEN
3 Bio-Orangen
1 Zitrone
8 Zweige Thymian
4 Schalotten
2 Knoblauchzehen
1 Fenchel
4 Entenkeulen
Salz
2 EL flüssiger Honig
1 EL Butter
300 ml Weißwein
500 ml Geflügelbrühe
(siehe S. 219)
Pfeffer aus der Mühle

Den Backofen auf 220 °C vorheizen.

Eine Orange gründlich waschen, Zesten abziehen, die Orange schälen und filetieren. 1 ½ Orangen auspressen. Die Zitrone ebenfalls auspressen. Thymian waschen, trocken schütteln und die Blättchen von den Stängeln streifen. Die Schalotten schälen und in feine Würfel schneiden, den Knoblauch in der Schale andrücken. Den Fenchel putzen und vierteln, den harten Strunk herausschneiden und die Viertel fein hacken.

Die Entenkeulen trocken tupfen und salzen. Saft einer halben Orange, Honig und 2 TL Thymianblätter verrühren und die Keulen mit dieser Mischung bepinseln. In einen Bräter legen und im Backofen, je nach Größe der Keulen, mindestens 45 Min. garen. Eventuell den Deckel auflegen, damit die Keulen nicht zu dunkel werden.

In einer Pfanne die Butter erhitzen, Schalotten, Knoblauch, Fenchel, Orangenzesten und restliche Thymianblättchen andünsten. Mit Wein und Brühe ablöschen, aufkochen und auf die Hälfte einkochen lassen. Mit restlichem Orangen-, Zitronensaft, Salz und Pfeffer abschmecken. Die Orangenfilets untermischen und heiß werden lassen. Die Entenkeulen mit dem Fenchel-Orangen-Gemüse anrichten.

Pfannengerührte Entenbrust

Für 4 Personen

ZUTATEN
2 Entenbrustfilets
3–4 Schalotten
1 Stück Ingwer (1 cm lang)
1 Bio-Orange
1 Frühlingszwiebel
1 rote Chilischote
2 EL helles Sesamöl
2 EL Öl
1 Msp. Zimtpulver
75 ml Geflügelbrühe
(siehe S. 219)
1 EL Honig
2–3 EL Sake
2 EL Sojasauce
Pfeffer aus der Mühle

Die Entenbrustfilets trocken tupfen und quer in ca. 1 cm dicke Scheiben schneiden. Die Schalotten schälen und fein würfeln. Den Ingwer schälen und reiben. Die Orange gründlich waschen, trocknen, 1 EL Schale abreiben oder Zesten abziehen und den Saft auspressen. Frühlingszwiebel putzen, waschen und in dünne Ringe schneiden. Die Chilischote waschen, halbieren, entkernen und in dünne Streifen schneiden.

In einem Wok die Öle stark erhitzen. Die Entenstücke ca. 3–4 Min. unter Rühren anbraten. Schalotten und Ingwer zugeben und weitere 2 Min. braten.

Zimt, Orangenschale sowie -saft, Geflügelbrühe, Honig, Sake, Sojasauce und Chilistreifen dazugeben und bei starker Hitze unter Rühren fertig garen. Mit Sojasauce und Pfeffer abschmecken. Die Entenbrust mit Frühlingszwiebelringen bestreut anrichten. Dazu Reis servieren.

Enteneintopf mit Herz und Magen, Gemüse, Wachteleiern und Grießklößchen

Für 4 Personen
(Standzeit über Nacht)

ENTENCONSOMMÉ
800 g Entenflügel, Karkassen und Abschnitte
50 g Möhre
150 g Zwiebeln
60 g Lauch
50 g Staudensellerie
1,5 l Wasser
Salz
4 gepökelte Entenmägen
100 ml Sherry
2 Entenkeulen
2 Eiweiß

SUPPENEINLAGE
8 Mini-Möhren
4 Rosenkohl
8 Perlzwiebeln
Salz
50 g Buchenpilze
4 Entenherzen

WACHTELEIER
4 Wachteleier
Essig

AUSSERDEM
1 kleine Entenbrust
1 Frühlingszwiebel
8 Grießklößchen
Sherry

Den Backofen auf 200 °C (Umluft) vorheizen.

Entenflügel, Karkassen und Abschnitte auf ein Backblech geben und im Backofen ca. 20 Min. anrösten. Möhre und Zwiebeln schälen, Lauch und Sellerie putzen, waschen und trocken schütteln. Das Gemüse klein schneiden.

Geröstete Ententeile mit Wasser und 10 g Salz in einen Schnellkochtopf geben. Gemüse, Entenmägen sowie Sherry hinzufügen, verschließen und ca. 60 Min. druckgaren. Im Kochtopf abkühlen lassen. Entenmägen herausnehmen und beiseitestellen. Den Fond durch ein Sieb gießen und die Karkassen entfernen.

Das Keulenfleisch von den Knochen lösen und durch einen Fleischwolf drehen. Das Eiweiß kurz aufschlagen und mit dem Entenhackfleisch vermengen. Zum Klären in den Fond geben und in einem Topf langsam aufkochen, dabei immer wieder vorsichtig umrühren. Die Suppe leicht köcheln lassen und mit Salz würzen. Durch ein feines Sieb passieren. Consommé auskühlen lassen und im Kühlschrank über Nacht kalt werden lassen, anschließend das Fett entfernen.

Für die Einlage die Möhren schälen, Rosenkohl entblättern, Perlzwiebeln schälen und halbieren. Das Gemüse in reichlich kochendem Salzwasser blanchieren, herausnehmen, in ausreichend Eiswasser abschrecken und abtropfen lassen. Von den Buchenpilzen die Köpfe abschneiden. Die Entenherzen waschen und trocken tupfen. 100 ml der Entenconsommé aufkochen und die Buchenpilze mit den Entenherzen bei niedriger Hitze (etwa 60 °C) ca. 10 Min. darin gar ziehen lassen.

Die Wachteleier aufschlagen und vorsichtig in eine kleine Schüssel gleiten lassen. In siedendem Wasser mit einem Schuss Essig ca. 30 Sek. pochieren, sodass sie noch weich sind. Vorsichtig herausnehmen.

Zum Anrichten die Entenbrust von Sehnen, Federresten und überschüssigem Fett befreien, waschen und trocken tupfen. Dann in sehr feine Scheiben schneiden und leicht plattieren. Die Frühlingszwiebel putzen, waschen, trocken schütteln und schräg in dünne Ringe schneiden. Eier, Gemüse, Frühlingszwiebelringe und Grießklößchen in Tellern anrichten. Die Entenbrustscheiben roh darübergeben. Sie garen, wenn der heiße Sud angegossen wird. Die Consommé mit einem Schuss Sherry verfeinern und angießen.

Entengriebenkruste auf Steinbutt mit Petersiliencreme, Kohlrabi, Steinpilzen und geräuchertem Linsenjus

Für 4 Personen

GRIEBENKRUSTE
100 g Entenflomen
1 Zwiebel
2 getrocknete Apfelringe
50 g gegartes Entenfleisch
80 g trockenes Sauerteigbrot
1 Eigelb
Salz, Pfeffer aus der Mühle
1 EL frisch gehackte Petersilie

PETERSILIENCREME
1 Bund Petersilie
Salz
100 ml Entenfond (siehe S. 220)
50 g Crème fraîche
30 g gebräunte Butter
Zitronensaft

LINSENJUS
20 g Belugalinsen
20 ml Aceto balsamico
50 ml Entenjus (siehe S. 220)
Entenfond, nach Bedarf
(siehe S. 220)
Salz, Pfeffer aus der Mühle

GEMÜSE
4 Kohlrabi
Salz
150 g frische Steinpilze
oder andere Pilze
Öl zum Braten
Pfeffer aus der Mühle

STEINBUTT
4 Steinbuttfilets (à ca. 130 g)
Salz
30 g Butter

AUSSERDEM
Kohlrabiblätter
Kohlrabischeiben
Räucherpfeife
Buchenspäne
runder Ausstecher

Den Entenflomen grob schneiden, in einem Topf langsam auslassen, bis das Fett klar ist und die Grieben knusprig sind. Durch ein Sieb gießen. Die Grieben klein hacken. Zwiebel schälen und mit den Apfelringen klein schneiden. Beides im aufgefangenen Entenfett langsam braun werden lassen und durch ein Sieb passieren. Das Fett kalt stellen. Das erkaltete Fett schaumig rühren. Das gegarte Entenfleisch sehr fein hacken. Das Sauerteigbrot in einer Küchenmaschine fein zerbröseln. Grieben, Sauerteigbrösel, Fleisch und Eigelb unter das Fett heben und mit Salz, Pfeffer und Petersilie würzen. Die Masse zwischen zwei Bogen Pergamentpapier flach ausrollen. Bis zur späteren Verwendung im Tiefkühlfach aufbewahren.

Die Petersilie waschen, trocken schütteln, Blätter abzupfen und in reichlich kochendem Salzwasser blanchieren. In ausreichend Eiswasser abschrecken und abtropfen lassen. Die Petersilienblätter mit dem Fond, Crème fraîche und gebräunter Butter mixen, bis eine sehr feine Paste entstanden ist. Mit etwas Salz und einem Spritzer Zitronensaft abschmecken. Nach Bedarf mehr Fond hinzufügen.

Die Linsen waschen und abtropfen lassen. In einen Topf mit Aceto balsamico und Jus geben und bei mittlerer Hitze ca. 30 Min. langsam köcheln lassen. Nach Bedarf etwas Fond angießen. Eine Räucherpfeife mit Buchenspänen füllen, entzünden, den Rauch in den Topf blasen und sofort abdecken. Die Linsen ca. 5 Min. im Rauch ziehen lassen, je nach gewünschter Intensität den Vorgang gegebenenfalls wiederholen. Linsen mit etwas Salz und Pfeffer abschmecken.

Kohlrabi schälen, in gleich große rechteckige Balken schneiden und in reichlich kochendem Salzwasser bissfest blanchieren, abtropfen lassen und warm halten. Aus den Kohlrabiabschnitten dünne Scheiben schneiden und 8 gleich große Kreise ausstechen. Ebenfalls bissfest blanchieren, abschrecken, abtropfen lassen und warm halten. Steinpilze säubern, grob schneiden und in einer Pfanne in etwas Öl braten, mit Salz und Pfeffer abschmecken.

Für den Steinbutt den Backofengrill auf höchster Stufe vorheizen. Die Steinbuttfilets waschen, trocken tupfen und mit etwas Salz würzen. In einer Pfanne die Butter aufschäumen und die Filets auf jeder Seite ca. 1–2 Min. langsam braten. Auf einen ofenfesten Teller umsetzen, die Griebenkruste auf Filetgröße zuschneiden, auflegen und die Filets unter dem Backofengrill knusprig überbacken. Achtung, das geht schnell.

Zum Anrichten jeweils die Kohlrabibalken in die Tellermitte legen. Steinbuttfilets darauf platzieren. Linsenjus und Petersiliencreme darum herum verteilen. Steinpilze anlegen und mit gewaschenen Kohlrabiblättern und -scheiben ausgarnieren.

ENTE

Geschmorte Barbarie Maisenten

für 4 Personen

GESCHMORTE ENTEN
2 Barbarie Maisenten (à ca. 1,8 kg)
2 Zwiebeln
1 Orange
Salz, Pfeffer aus der Mühle
2 EL Honig
(z. B. Orangenblütenhonig)

SAUCE
1 Möhre
1 Knoblauchzehe
5 Schalotten
1 Stange Staudensellerie
½ Stange Lauch
40 g Entenfett von der Bauchhöhle
½ EL Tomatenmark
30 ml Aceto balsamico
300 ml Rotwein (Spätburgunder)
250 ml Entenfond (siehe S. 220)
Speisestärke zum Binden

Die Enten innen und außen kalt abbrausen und trocken tupfen. Die Innereien (Leber, Herz, Magen und Bries) aus der Bauchhöhle entfernen und für andere Rezepte verwenden. Flügel und Hälse abschneiden, Flügel hacken und beiseitestellen. Restliches Fett und Schlüsselbein entfernen.

Die Zwiebeln und Orange schälen, grob zerteilen und in die Bauchhöhle der Enten füllen. Die Enten mit Salz und Pfeffer kräftig einreiben und ca. 10 Min. bei Zimmertemperatur ziehen lassen.

Den Backofen auf 160 °C (Umluft) vorheizen. Ein Blech mit zwei Tassen Wasser füllen und die Enten mit der Brust nach oben hineinlegen. Ca. 105 Min. braten. Für die letzten 10 Min. die Temperatur auf 220 °C erhöhen, damit die Enten noch eine schöne Farbe bekommen. Dann auf Grillstufe umstellen und die Haut knusprig werden lassen. Mit Honig einstreichen und unter dem Grill karamellisieren. Achtung, das geht sehr schnell.

Die Enten vom Blech nehmen und ca. 15 Min. ruhen lassen. Den Bratfond vom Blech mit etwas Wasser ablösen. Das Fett abschöpfen und aufbewahren. Den Bratfond für die Sauce zur Seite stellen.

Für die Sauce Möhre, Knoblauchzehe und Schalotten schälen. Das übrige Gemüse putzen, waschen und trocken schütteln. Dann das vorbereitete Gemüse in walnussgroße Stücke schneiden. Das Entenfett in einem Topf zerlassen, die gehackten Flügel und die Hälse darin anbraten. Das Gemüse hinzufügen und mitbraten. Das Tomatenmark einrühren, mitanrösten und mit Aceto balsamico ablöschen. Weiterköcheln, bis der Essig vollständig verkocht ist und 100 ml Rotwein angießen. Den Vorgang wiederholen, bis der gesamte Rotwein verkocht ist, und mit Enten- und Bratfond auffüllen. Langsam köcheln lassen. Die Sauce passieren und mit in etwas Wasser aufgelöster Stärke zur gewünschten Konsistenz binden. Kurz vor dem Anrichten nochmals abschmecken. Dazu Brezelknödel und Rotkohl servieren.

Rosa gebratene Challans Ente

Für 2 Personen
(Standzeit mind. 8 Std.)

ZUTATEN

1 Challans Ente (ca. 1,8 kg)
40 g schwarze Pfefferkörner
15 g Szechuanpfeffer
20 g Paradieskörner
15 g Senfkörner
20 g Fenchelsaat
3 g Pimentkörner
20 g Korianderkörner
5 g essbare Lavendelblüten
1 EL Honig
Salz

Die Ente innen und außen kalt abbrausen und trocken tupfen. Innereien aus der Bauchhöhle nehmen. Flügel und Hals abhacken, das Schlüsselbein am Hals entfernen. Die Ente im Kühlschrank mindestens 8 Std., jedoch am besten über Nacht, auf einem Teller oder Blech offen stehen lassen, damit die Haut antrocknet.

1 Std. vor dem Braten aus dem Kühlschrank nehmen. Den Backofen auf 220 °C (Umluft) vorheizen.

Die Gewürze und Blüten gut vermischen und in eine Gewürzmühle geben. Die Ente gleichmäßig mit Honig bestreichen und mit der Gewürzmischung grob bestreuen. Mit Salz gleichmäßig würzen. Die Ente in einem Bräter im Backofen ca. 35 Min. braten. Danach aus dem Ofen nehmen und beiseitestellen.

Den Backofen auf 60 °C abkühlen und die Ente darin ca. 20 Min. ruhen lassen. Den Backofengrill auf höchster Stufe einschalten und die Entenhaut darunter karamellisieren lassen. Achtung, das geht sehr schnell.

Die Entenbrüste auslösen und direkt servieren. Die Keulen ebenfalls auslösen und für ein anderes Rezept, z. B. zum Confieren (siehe S. 146) benutzen, da sie noch einmal ca. 2 Std. im Backofen garen müssen, bis sie zart sind.

ENTE

Ententagliata mit Rucola, Parmesan und altem Aceto balsamico

Für 4 Personen

ENTENBRÜSTE
4 weibliche Entenbrüste (à ca. 180 g)
Salz, Pfeffer aus der Mühle

MARINADE
50 g Pinienkerne
2 EL Olivenöl
2 Knoblauchzehen
2 Zweige Rosmarin
Saft von ½ Zitrone
1 Bund feiner italienischer Rucola

AUSSERDEM
50 g Parmesan
20 ml alter Aceto balsamico

Den Backofen auf 180 °C (Umluft) vorheizen.

Die Entenbrüste von Sehnen, Federresten und überschüssigem Fett befreien, dann trocken tupfen. Auf der Hautseite kreuzförmig einschneiden. Mit Salz und Pfeffer würzen und in einer ofenfesten Pfanne ohne Zugabe von Fett auf der Hautseite kräftig anbraten. Wenden, auf der Fleischseite kurz braten und wieder auf die Hautseite legen. Mit der Pfanne in den Backofen stellen und ca. 3 Min. kräftig weiterbraten, dann auf die Fleischseite drehen und ca. 2 Min. braten. Die Brüste aus der Pfanne nehmen, den Bratensatz für die Marinade aufbewahren und die Entenbrüste im abgekühlten Backofen bei 60 °C auf einem Gitter ruhen lassen.

Für die Marinade die Pinienkerne in einer Pfanne langsam im heißen Olivenöl rösten. Die Knoblauchzehen schälen und andrücken. Rosmarin waschen, trocken schütteln und zusammen mit den Knoblauchzehen zu den Pinienkernen geben, dann mit dem Zitronensaft ablöschen. Kurz verrühren, in eine Schüssel geben und etwas abkühlen lassen. Knoblauch und Rosmarin entfernen. Vom Bratensatz der Entenbrüste das Fett abschöpfen und zur Marinade geben.

Den Rucola putzen, die Stiele abschneiden, Rucolablätter waschen und trocken schleudern. Kurz vor dem Anrichten mit der Marinade mischen.

Zum Anrichten die Entenbrüste in feine Scheiben schneiden und dekorativ auf Teller legen. Den Rucola auf den Entenbrüsten verteilen. Parmesan frisch in Spänen darüberhobeln und mit etwas Aceto balsamico umträufeln.

Entenravioli mit Spinat

Für 4 Personen
(Standzeit ca. 30 Min.)

RAVIOLITEIG
3 Eier
1 Eigelb
Salz
25 ml Olivenöl
350 g Hartweizengrieß (Semola)
Hartweizengrieß zum Bearbeiten
1 Eigelb zum Bestreichen

FÜLLUNG
2 confierte Entenkeulen
(siehe S. 146)
1 kleines Bund Schnittlauch
50 g Möhre
30 g Knollensellerie
1 EL flüssiges Entenfett
Salz, Pfeffer aus der Mühle
50 g Schmand
20 g Parmesan

SPINAT
20 g Butter
20 g Mehl (Type 405)
200 ml Milch
Salz
500 g Spinat
Pfeffer aus der Mühle

AUSSERDEM
Parmesanspäne

Für den Ravioliteig Eier und Eigelb mit 1 Prise Salz gut verrühren. Olivenöl und Hartweizengrieß dazugeben und mit den Knethaken eines Handrührgeräts oder in einer Küchenmaschine ca. 5 Min. zu einem glatten Teig kneten. Zu einer Kugel formen und abgedeckt bei Zimmertemperatur ca. 30 Min. ruhen lassen.

Für die Füllung das Entenfleisch von den Knochen lösen und klein zupfen. Schnittlauch waschen, trocken schütteln und in feine Röllchen schneiden. Möhre und Sellerie putzen, schälen, fein würfeln und in einer Pfanne mit dem Entenfett langsam anschwitzen. Das Fleisch hinzufügen und mit Salz und Pfeffer kräftig würzen. Schmand, Schnittlauch und Parmesan hinzufügen und nochmals abschmecken. Aus der Masse gleichmäßige Kugeln formen.

Den Ravioliteig auf einer leicht mit Grieß bestreuten Arbeitsfläche dünn ausrollen und mit einem runden Ausstecher (Ø 10 cm) Kreise ausstechen. So weiter verfahren, bis kein Teig mehr übrig ist. Die Teigkreise mit etwas verquirltem Eigelb bestreichen. Eine Kugel Füllung in die Mitte geben, einen Kreis darauflegen und andrücken, dann die Ränder mit einer Gabel festdrücken. Die Ravioli portionsweise in reichlich kochendem Salzwasser ca. 2 Min. garen. Herausnehmen und warm halten.

Für den Spinat die Butter in einem Topf zerlassen, das Mehl hinzufügen und ca. 2 Min. unter Rühren langsam anschwitzen. Das Mehl sollte dabei nicht braun werden. Milch zugießen und glatt rühren. Unter Rühren bis zur gewünschten Konsistenz reduzieren. Mit Salz abschmecken.

Den Spinat putzen, waschen und trocken schleudern. In reichlich kochendem Salzwasser kurz blanchieren, in ausreichend Eiswasser abschrecken und gut abtropfen lassen. Den Spinat in die Sauce geben, gut unterrühren und heiß werden lassen. Die Sauce mit Salz und Pfeffer abschmecken.

Zum Anrichten jeweils etwas Spinat auf die Tellermitte geben, Ravioli daraufsetzen und mit frisch gehobelten Parmesanspänen garnieren.

Tagliatelle mit Entenragout und Orangen

Für 4 Personen
(Standzeit ca. 3 Std.)

ENTENRAGOUT
3 weibliche Entenkeulen (à ca. 180 g)
Meersalz
2 EL brauner Zucker
2 kleine Zwiebeln
1 Knoblauchzehe
1 TL schwarze Pfefferkörner
1 TL Paradieskörner
1 TL Koriandersamen
1 TL Fenchelsamen
1 Sternanis
Entenfett zum Braten
100 ml Weißwein
Saft von 2 Orangen
ca. 1 l Entenfond (siehe S. 220)
Speisestärke zum Binden
Pfeffer aus der Mühle

TAGLIATELLE
300 g Tagliatelle
Salz

ORANGENFILETS UND ZESTEN
1 Bio-Orange
250 ml Wasser
30 g Zucker

AUSSERDEM
Parmesan
1 Töpfchen Brunnenkresse
Olivenöl

Für das Entenragout die Entenkeulen kalt abbrausen und trocken tupfen. 100 g Meersalz mit dem Zucker mischen und die Entenkeulen damit einreiben. Dann ca. 3 Std. im Kühlschrank abgedeckt marinieren, dadurch wird das Fleisch zarter. Anschließend die Keulen abwaschen und trocken tupfen.

Den Backofen auf 160 °C (Umluft) vorheizen. Die Zwiebeln und den Knoblauch schälen und klein schneiden. Die Gewürze im Mörser grob zerstoßen und die Keulen damit einreiben. In einer Pfanne mit hohem Rand in etwas heißem Entenfett langsam anbraten. Aus der Pfanne nehmen.

Zwiebeln und Knoblauch in der Pfanne braten. Mit Weißwein ablöschen. Die Keulen wieder hinzufügen und mit Orangensaft und so viel Entenfond auffüllen, dass die Keulen bedeckt sind. Im Backofen ca. 1,5–2 Std. schmoren, bis das Fleisch weich ist.

Anschließend das Fleisch von den Knochen lösen und in grobe Stücke zerteilen. Den Bratenfond durch ein feines Sieb passieren, das Fett dabei abschöpfen. Den Fond zur gewünschten Konsistenz reduzieren und das Entenfleisch wieder hinzufügen. Nach Bedarf das Ragout mit mit in etwas Wasser aufgelöster Stärke zur gewünschten Konsistenz binden. Zum Schluss mit Meersalz und Pfeffer abschmecken.

Die Tagliatelle in reichlich Salzwasser nach Packungsanweisung bissfest kochen und gut abtropfen lassen. Dann mit dem Ragout mischen.

Die Orange heiß abwaschen, trocknen, schälen und die Schale in feine Streifen schneiden. Orangenschale in kochendem Wasser mit dem Zucker blanchieren, damit die Bitterstoffe gelöst werden. Die Orange filetieren.

Zum Anrichten das Entenragout mit den Tagliatelle auf Teller verteilen und mit frisch geriebenem Parmesan, Orangenzesten, -filets und Brunnenkresse garnieren. Zum Schluss mit Olivenöl beträufeln.

Glasierte Lebern „Berliner Art" mit Püree, Äpfeln, Röstzwiebeln und Aceto balsamico

Für 4 Personen

KARTOFFELPÜREE UND RÖSTZWIEBELN

200 g mehligkochende Kartoffeln
Salz
2 kleine Zwiebeln
100 g Butter
100 ml Milch
frisch geriebene Muskatnuss

KARAMELLISIERTE ÄPFEL

2 Äpfel (z. B. Cox Orange)
20 g Zucker
50 ml Weißwein
20 g Butter

ENTENLEBERN

16 geputzte Entenlebern (ca. 500 g)
Mehl (Type 405) zum Bestäuben
2 EL Entenfett
Salz, Pfeffer aus der Mühle
20 ml Aceto balsamico
50 ml Entenjus (siehe S. 220)

Die Kartoffeln schälen, in ausreichend kochendem Salzwasser weich kochen, abgießen und durch eine Presse drücken. Die Zwiebeln schälen und in feine Scheiben schneiden. In der Butter langsam rösten, bis sie goldbraun sind. Durch ein Sieb gießen und abtropfen lassen. Zwiebeln warm stellen. Die Butter auffangen und unter das Kartoffelpüree rühren. Die Milch aufkochen und das Püree damit glatt rühren. Mit Salz und etwas Muskatnuss abschmecken.

Äpfel schälen, achteln, dabei das Kerngehäuse entfernen und die Äpfel in feine Spalten schneiden. Den Zucker in einer Pfanne karamellisieren, die Äpfel hinzufügen und mit Weißwein ablöschen. So lange reduzieren, bis keine Flüssigkeit mehr vorhanden ist. Die Butter einrühren.

Die Lebern waschen, trocken tupfen und leicht mit Mehl bestäuben. Vor dem Anrichten in einer Pfanne im heißen Entenfett kurz braten. Mit Salz und Pfeffer würzen und mit Aceto balsamico ablöschen. Die Lebern aus der Pfanne nehmen und die Entenjus in den Bratfond rühren. Einmal aufkochen und nochmals abschmecken.

Zum Anrichten das Püree kreisförmig auf den Tellern platzieren, Lebern und Apfelspalten darauf verteilen. Die Röstzwiebeln drapieren und zum Schluss mit der Balsamicosauce beträufeln.

ENTE

Entengröstl mit Navettensalat

Für 4 Personen

ENTENGRÖSTL
700 g Kartoffeln (z. B. Drilling)
Kümmelsamen
Salz
2 rote Zwiebeln
50 g Speck
200 g grüne Bohnen
25 g Entenfett
250 g Entenfleisch (Keule oder Reste von der Karkasse)
Pfeffer aus der Mühle
1 EL Majoranblättchen

NAVETTENSALAT
800 g Navetten (Mairübchen)
Salz
Zucker
125 g Schmand
Zitronensaft
Pfeffer aus der Mühle

AUSSERDEM
einige Basilikumblätter

Die Kartoffeln waschen und in der Schale mit etwas Kümmel in ausreichend kochendem Salzwasser weich kochen. Abgießen und etwas abkühlen lassen. Die Kartoffeln schälen und in Spalten schneiden.

Die Zwiebeln schälen, halbieren und mit dem Speck in feine Streifen schneiden. Die Bohnen putzen und in reichlich kochendem Salzwasser ca. 3–4 Min. blanchieren. Abgießen und in ausreichend Eiswasser abschrecken. Die abgetropften Bohnen in grobe Stücke schneiden.

Das Entenfett in einer Pfanne mit dickem Boden erhitzen und die Kartoffelspalten darin anbraten. Das Entenfleisch in grobe Stücke zupfen, hinzufügen und ebenfalls kräftig anbraten. Speck, Zwiebeln und grüne Bohnen zugeben und mit Salz, Pfeffer sowie Majoran abschmecken.

Von den Navetten das Grün entfernen, die Rüben schälen und in feine Streifen schneiden oder auf einem Spiralschneider in feine Streifen hobeln. Mit jeweils einer kräftigen Prise Salz und Zucker würzen und gut mischen. Kurz stehen lassen. Die entstandene Flüssigkeit abgießen, den Schmand dazugeben und den Salat mit einem Spritzer Zitronensaft, Salz, etwas Zucker und Pfeffer abschmecken.

Zum Anrichten das Gröstl auf Teller verteilen, mit Basilikumblättern garnieren und mit Entenjus umträufeln. Den Navettensalat daneben platzieren.

Pekingentenbrüste mit Basmatireissud

Für 4 Personen
(Standzeit mind. 12 Std.)

ENTENBRÜSTE
2 männliche Entenbrüste
(à ca. 300 g)
15 ml Hoisinsauce
50 ml Sojasauce
20 g brauner Zucker
3 g geriebener Ingwer
1 geriebene Knoblauchzehe
½ TL 5-Gewürze-Pulver

KNUSPRIGER REIS
50 g Basmatireis
Öl zum Frittieren

REISSUD
80 ml Milch
200 ml Entenfond (siehe S. 220)
50 g Basmatireis
1 Stange Zitronengras
4 g Ingwer
1 Limettenblatt
10 g Palmzucker
Saft von 1 Limette
Fischsauce

GEMÜSE
16 Stangen grüner Thaispargel
Salz
2 Mini-Pak Choi
100 g Edamame-Bohnen
Butter zum Schwenken
Zucker

AUSSERDEM
Backmatte
8 Jasminblüten

Die Entenbrüste von Sehnen, Federresten und überschüssigem Fett befreien, dann trocken tupfen und die Hautseite kreuzförmig einschneiden. Aus Hoisinsauce, Sojasauce, braunem Zucker, Ingwer, Knoblauch und Gewürz eine Marinade rühren und die Entenbrüste darin über Nacht abgedeckt im Kühlschrank marinieren.

Vor dem Anrichten den Backofen auf 120 °C (Umluft) vorheizen. Die Brüste aus der Marinade nehmen, etwas abstreifen, trocken tupfen und in einer Pfanne auf der Hautseite vorsichtig anbraten. Wenden und auf der Fleischseite kurz anbraten, anschließend die Brüste auf ein Backblech legen und im Backofen ca. 20 Min. rosa garen. Den Grill einschalten und die Hautseite der Brüste knusprig werden lassen. Mit der Marinade bestreichen und kurz karamellisieren lassen. Die Entenbrüste noch etwas ruhen lassen.

Den Basmatireis ca. 20 Min. in Wasser kochen, bis er verkocht ist. Gut abtropfen lassen und auf einem Blech mit Backmatte im Backofen bei 60 °C (Umluft) ca. 4 Std. trocknen lassen, dabei immer wieder lockern. Die Ofentür einen kleinen Spalt geöffnet lassen, damit der Dampf entweichen kann. Das Öl zum Frittieren auf 210 °C erhitzen und den Reis darin portionsweise aufpoppen lassen. Auf Küchenpapier abtropfen lassen.

Die Milch mit dem Fond aufkochen, Basmatireis hinzufügen und ca. 20 Min. leicht köcheln lassen, bis der Sud bindet. Vom Zitronengras die äußeren harten Blätter entfernen. Ingwer schälen und zusammen mit Zitronengras, Limettenblatt und Palmzucker zum Reissud geben. Weitere 10 Min. ziehen lassen und durch ein Sieb passieren. Mit Limettensaft und Fischsauce abschmecken, dann warm halten.

Den Thaispargel putzen, waschen und in reichlich kochendem Salzwasser ca. 1 Min. blanchieren. In ausreichend Eiswasser abschrecken und abtropfen lassen. Mini-Pak Choi putzen, waschen und in die einzelnen Blätter teilen. Ebenfalls blanchieren, abschrecken und abtropfen lassen. Edamame-Bohnen palen und in etwas Butter mit dem Spargel und dem Pak Choi schwenken. Mit Salz und etwas Zucker abschmecken.

Zum Anrichten die Entenbrüste aufschneiden und auf Teller verteilen. Reis und Gemüse anlegen. Den Reissud aufschäumen und angießen. Mit Jasminblüten und knusprigem Reis ausgarnieren.

Entenschaschlik mit Backpflaumen, Perlzwiebeln und Petersilienwurzelstampf

Für 4 Personen

SCHASCHLIK
3 Entenbrüste (à ca. 200 g)
6 Scheiben Speck
12 Backpflaumen
Salz, Pfeffer aus der Mühle
Öl zum Braten
50 ml Aceto balsamico
100 ml Entenjus (siehe S. 220)

PERLZWIEBELN
100 g frische Perlzwiebeln
Butter zum Anschwitzen
Salz, Pfeffer aus der Mühle
brauner Zucker
100 ml Rotwein

PETERSILIENWURZELSTAMPF
600 g Petersilienwurzeln
Salz
50 g Crème fraîche
20 g gebräunte Butter
weißer Pfeffer aus der Mühle
Zitronensaft
1 Schalotte

AUSSERDEM
4 Schaschlikspieße
1 Schälchen Petersilienkresse
2 gebratene Champignons, in Scheiben

Für das Schaschlik die Entenbrüste von Sehnen, Federresten und überschüssigem Fett befreien, dann trocken tupfen, längs in insgesamt 12 feine Streifen schneiden und einrollen. Speckscheiben halbieren und die Backpflaumen darin einrollen. Die Enten- und Backpflaumenröllchen abwechselnd auf Schaschlikspieße stecken.

Die Spieße mit Salz sowie Pfeffer würzen und in einer Pfanne mit wenig Öl von allen Seiten ca. 2 Min. kräftig anbraten. Die Spieße aus der Pfanne nehmen und im Backofen bei 60 °C (Umluft) auf einem Teller gar ziehen lassen.

Das Fett aus der Pfanne abgießen, den Bratensatz mit Aceto balsamico ablöschen. Mit Entenjus aufgießen, aufkochen und zur gewünschten Konsistenz einkochen.

Die Perlzwiebeln schälen, halbieren und langsam in etwas Butter anschwitzen. Mit Salz, Pfeffer und Zucker würzen und mit Rotwein ablöschen. So lange reduzieren, bis die Flüssigkeit fast vollständig verdampft ist. Nochmals abschmecken.

Für den Stampf die Petersilienwurzeln schälen und grob schneiden. In ausreichend kochendem Salzwasser weich kochen und abgießen. Dabei etwas Kochwasser auffangen.

Crème fraîche und gebräunte Butter sowie evtl. etwas Kochwasser zu den Petersilienwurzeln geben und mit einer Gabel oder einem Kartoffelstampfer zu Püree zerdrücken. Mit Salz, weißem Pfeffer und einem Spritzer Zitronensaft abschmecken. Schalotte schälen, fein würfeln und unter das Püree heben.

Zum Anrichten den Petersilienwurzelstampf auf den Tellern anrichten. Je einen Entenschaschlikspieß anlegen. Perlzwiebeln verteilen und mit etwas Sud umträufeln. Mit Petersilienkresse und Champignonscheiben ausgarnieren.

Nach Belieben die Entenschaschliksauce separat dazureichen.

Für 4 Personen
(Standzeit ca. 3 Tage)

MARINADE UND SAUERBRATEN

200 g Zwiebeln
100 g Möhren
80 g Staudensellerie
1 Lorbeerblatt
1 Gewürznelke
2 g Koriandersamen
5 g Senfkörner
1 TL Pfefferkörner
10 Wacholderbeeren
½ Flasche Rotwein
(z. B. Cabernet Sauvignon)
100 ml Rotweinessig
50 ml Aceto balsamico
4 männliche Entenkeulen
(à ca. 300 g)
30 g Rosinen
Salz
Öl zum Braten
3 Champignons
500 ml Entenfond
(siehe S. 220)
Pfeffer aus der Mühle
50 g geschälte Mandeln

ERDFRÜCHTEPÜREE

2 Topinamburknollen
2 mehligkochende Kartoffeln
3 Kerbelwurzeln
2 Petersilienwurzeln
Salz
150 g Crème fraîche
50 g gebräunte Butter
Zitronensaft

AUSSERDEM

Blätter von 2 blanchierten
Rosenkohlröschen

Für die Marinade die Zwiebeln schälen, Möhren putzen und schälen. Sellerie putzen und waschen. Das Gemüse grob würfeln. Die Gewürze in einer Pfanne ohne Zugabe von Fett leicht anrösten. 325 ml Rotwein mit den Gewürzen, dem Gemüse und den Essigen in ein Gefäß geben. Die Entenkeulen kalt abbrausen, trocken tupfen und in der Marinade ca. 3 Tage abgedeckt im Kühlschrank marinieren.

Die Rosinen mit dem restlichen Rotwein bedeckt über Nacht einweichen.

Am Tag der Zubereitung den Backofen auf 160 °C (Umluft) vorheizen. Die Marinade durch ein Sieb passieren. Das Gemüse abtropfen lassen. Die Entenkeulen herausnehmen, trocken tupfen, mit Salz würzen und in einem Bräter in etwas heißem Öl langsam auf der Hautseite braten. Auf die Fleischseite drehen, braten und herausnehmen. Das Fett abgießen. Die Champignons säubern, grob schneiden und mit dem abgetropften Gemüse kurz in dem Bräter anbraten. Mit der Marinade ablöschen, aufkochen und um die Hälfte reduzieren. Den Entenfond angießen und die Keulen hineinlegen. Im Backofen ca. 2–2,5 Std. schmoren.

Nach Ende der Garzeit die Keulen aus dem Bräter nehmen und ruhen lassen. Den Fond durch ein feines Sieb passieren und zur gewünschten Konsistenz einkochen. Die Entenkeulen wieder hinzufügen. Die Rosinen dazugeben und die Keulen mit der Sauce glasieren. Ca. 10 Min. ruhen lassen. Mit Salz und Pfeffer abschmecken. Die Mandeln in einer Pfanne mit wenig Öl goldbraun rösten.

Topinamburknollen putzen, schälen und in grobe Stücke schneiden. In ausreichend Salzwasser kochen, bis sie sehr weich sind und abgießen. In einem Standmixer oder mit einem Pürierstab mit der Crème fraîche fein pürieren. Gebräunte Butter unterrühren und mit Salz und einem Spritzer Zitronensaft abschmecken.

Zum Anrichten das Erdfrüchtepüree kreisförmig auf Teller verteilen und den Entenkeulensauerbraten darauf platzieren. Mit Mandeln, Rosinen aus der Sauce und Rosenkohlblättern garnieren. Mit etwas Sauce umträufeln. Dazu Rotkohlsalat servieren.

Sauerbraten von Entenkeulen mit Erdfrüchtepüree, Mandeln und Rosinen

ENTE

Confierte Entenkeulen mit Bohnencassoulet

Für 4 Personen
(Standzeit über Nacht)

ZUTATEN
50 g Wachtelbohnen
50 g weiße Cocobohnen
2 Schalotten
1 Knoblauchzehe
2 Scheiben Bacon
20 g Entenfett
Salz
500 ml Entenfond (siehe S. 220)
100 ml klarer Tomatenfond
100 g Puffbohnenschoten
50 g Keniabohnen
50 g Wachsbohnen
30 g kalte Butter
Pfeffer aus der Mühle
1 Stängel Bohnenkraut

AUSSERDEM
4 confierte Entenkeulen
(siehe S. 146)

Wachtelbohnen und Cocobohnen über Nacht in reichlich kaltem Wasser einweichen. Am nächsten Tag das Wasser abgießen.

Die Schalotten schälen und in feine Würfel schneiden. Knoblauch schälen und andrücken. Bacon klein schneiden. Das Entenfett erhitzen, Bacon hinzufügen und die Schalotten darin kurz anschwitzen, Bohnen zugeben und salzen. Mit Entenfond und Tomatenfond auffüllen und ca. 1 Std. leicht köcheln lassen, bis die Bohnenkerne weich sind.

In der Zwischenzeit die Puffbohnen palen. Von den Kenia- und den Wachsbohnen die Enden abschneiden. Die Bohnen waschen, abtropfen lassen und klein schneiden. Puff-, Wachs- und Keniabohnen getrennt in reichlich kochendem Salzwasser blanchieren, in ausreichend Eiswasser abschrecken und abtropfen lassen.

Wachtelbohnen und Cocobohnen durch ein Sieb gießen und den Fond auffangen. Den Bohnenfond zur Hälfte reduzieren. Den Fond mit Butter aufmixen. Alle Bohnen zum Fond geben, heiß werden lassen und kräftig mit Salz und Pfeffer abschmecken. Bohnenkraut waschen, trocken schütteln, ca. 5 Min. darin ziehen lassen und entfernen.

Zum Anrichten das Bohnencassoulet in Teller verteilen und die heißen Entenkeulen darauf platzieren.

Confierte Entenkeulen

Für 4 Personen
(Standzeit mind. 2 Std.)

ZUTATEN

4 Entenkeulen (à ca. 200 g)
250 g Meersalz
250 g Zwiebeln
130 g Möhren
130 g Knollensellerie
½ Knoblauchknolle
2 Zweige Thymian
1 Zweig Rosmarin
100 ml Weißwein
2 Lorbeerblätter
1 TL Pfefferkörner
500 g flüssiges Entenfett

Die Keulen kalt abbrausen und trocken tupfen. Etwas Meersalz in eine Schüssel geben, die Keulen darauflegen und mit dem restlichen Meersalz bedecken. Dann ca. 2 Std. im Kühlschrank ruhen lassen. Die Keulen werden so zarter.

Den Backofen auf 120 °C (Umluft) vorheizen. Zwiebeln, Möhren und Sellerie putzen und schälen. Zwiebeln und Möhren halbieren, Sellerie in Scheiben schneiden. Knoblauch schälen und die Kräuterzweige waschen und trocken schütteln.

Die Keulen aus der Schüssel nehmen, abwaschen und trocken tupfen. Mit Gemüse, Knoblauch, Kräutern, Weißwein und Gewürzen in eine ofenfeste Form geben. Mit dem Entenfett bedecken und ca. 2,5–3 Std. im Backofen confieren, bis sich das Fleisch leicht vom Knochen löst. Dann im Fett abkühlen lassen.

Zum Servieren die Keulen einfach aus dem Fett nehmen und im Backofen heiß werden lassen. Ganz zum Schluss unter dem Backofengrill knusprig braten.

TIPP Das Confit hält im Kühlschrank mehrere Wochen, wenn es mit Fett bedeckt ist.

Entenrillettes

Für ca. 600 g
(Standzeit ca. 2 Std.)

ZUTATEN

2 Entenkeulen (à ca. 300 g)
250 g Meersalz
1 Zwiebel
1 Möhre
1 Scheibe Knollensellerie
3 Knoblauchzehen
1 Zweig Thymian
1 Zweig Rosmarin
1 Lorbeerblatt
½ TL schwarze Pfefferkörner
400 g flüssiges Entenfett
2 Schalotten
Salz, Pfeffer aus der Mühle

AUSSERDEM

2 sterile Gläser mit Schraub- oder Bügelverschluss (à ca. 300 ml Inhalt)

Die Keulen kalt abbrausen und trocken tupfen. Gut die Hälfte vom Meersalz in eine Form geben, die Keulen darauf legen und mit dem restlichen Meersalz bedecken. Dann ca. 2 Std. im Kühlschrank ruhen lassen. Das macht die Keulen zarter.

Den Backofen auf 120 °C (Umluft) vorheizen. Zwiebel, Möhre, Selleriescheibe und Knoblauchzehen schälen, Zwiebel und Möhre halbieren. Kräuterzweige waschen und trocken schütteln. Die Keulen aus der Form nehmen, gut abwaschen, abtropfen lassen und mit dem Gemüse, Knoblauch, Kräutern sowie Gewürzen in eine ofenfeste Form geben. Mit Entenfett bedecken und ca. 3 Std. im Ofen confieren, bis sich das Fleisch leicht von den Knochen löst.

Das Entenfett abgießen und aufbewahren, die Keulen aus der Form nehmen. Das Fleisch von den Keulen lösen, klein zupfen und beiseitestellen.

Die Schalotten schälen und klein schneiden. 100 g Entenfett erhitzen und die Schalottenwürfel darin bei niedriger Hitze bräunen lassen. Das restliche Fett kalt stellen.

Das Entenfleisch mit Salz und Pfeffer würzen und in sterile Gläser geben. Mit Fett aufgießen, bis das Fleisch bedeckt ist. Verschließen, fest werden lassen und im Kühlschrank aufbewahren. Mit einem kräftigen Bauernbrot servieren.

> **TIPP** Rillettes lässt sich auch sehr gut aus den Resten einer Entenmahlzeit zubereiten. Das verbliebene Fleisch der Ente von den Knochen lösen und klein zupfen. Mit Salz und Pfeffer würzen und mit dem ausgetretenen Fett bedecken. Fest werden lassen und im Kühlschrank aufbewahren.

ENTE

Lauwarmer Entenmagensalat mit Chicorée und Preiselbeer-Vinaigrette

Für 4 Personen

ENTENMAGENSALAT
24 Entenmägen
1 Zwiebel
1 EL Pökelsalz
1 Lorbeerblatt
2 Pimentkörner

APFELJUS
1 säuerlicher Apfel
80 ml Entenjus (siehe S .220)
30 g Butter

VINAIGRETTE
100 g Preiselbeeren
100 g Zucker
4 EL Rotweinessig
60 ml Olivenöl
40 ml Distelöl
Salz, Pfeffer aus der Mühle
Zitronensaft
1 Stängel Estragon

AUSSERDEM
4 Chicoréestauden
Brotchips
2 TL Schnittlauchröllchen

Die Entenmägen gründlich waschen. Die Zwiebel schälen und halbieren. Beides mit Pökelsalz, Lorbeerblatt, Piment und reichlich Wasser in einem Topf aufkochen und ca. 2,5 Std. garen.

Für den Apfeljus den Apfel schälen, entkernen und fein reiben. Den Entenjus mit Butter und geriebenem Apfel aufkochen und die Flüssigkeit etwas reduzieren. Die gegarten Entenmägen aus der Brühe nehmen und im Jus warm halten.

Für die Vinaigrette Preiselbeeren mit Zucker in einer Küchenmaschine langsam rühren, bis sich der Zucker gelöst hat, die Preiselbeeren zerfallen sind und die Masse schaumig ist. Mit Essig und den Ölen mischen. Mit Salz, Pfeffer und einem Spritzer Zitronensaft abschmecken. Den Estragon waschen, trocken schütteln, Blättchen abzupfen und fein schneiden. Estragon zur Vinaigrette geben.

Zum Anrichten den Chicorée in Blätter teilen, waschen und trocken schleudern. Die gelben Spitzen kreisförmig auf 4 flachen Tellern anrichten. 6 Entenmägen mit etwas Jus pro Portion darauf verteilen und mit Vinaigrette beträufeln. Mit einigen Brotchips und Schnittlauchröllchen bestreuen.

Entenherztatar und rosa gebratenes Entenherz mit Brunnenkresse

Für 4 Personen

WEISSE ESSIGZWIEBEL
1 große weiße Zwiebel
150 ml Weißweinessig
grobes Salz

BROTCHIPS
4 dünne Scheiben Brot
(z. B. Sauerteigbrot)
4 TL Rapsöl
Salz

TATAR
350 g frische Entenherzen
2 EL Rapsöl
Salz
2 Schalotten
1 EL Sonnenblumenöl
50 ml Himbeeressig
2 EL kleine Kapern
Pfeffer aus der Mühle

ROSA GEBRATENE ENTENHERZEN
2 Entenherzen
2 EL Sonnenblumenöl
Fleur de Sel

AUSSERDEM
2 Handvoll Wildkräutersalat
Rettichkresse

Die Zwiebel schälen und in 0,5 cm dünne Scheiben schneiden. In einem kleinen Topf mit dem Essig und etwas Salz einmal aufkochen und darin auskühlen lassen.

Den Backofen auf 160 °C (Umluft) vorheizen. Die Brotscheiben mit dem Rapsöl und jeweils 1 kräftigen Prise Salz bestreuen. Auf einem Blech im Ofen ca. 5–10 Min. lang rösten, bis sie schön kross sind. Herausnehmen und auskühlen lassen.

Für das Tatar die Herzen von Sehnen, Fett sowie Blutresten befreien und in ganz feine Würfel schneiden. In eine Schüssel geben, mit Rapsöl und 1 kräftigen Prise Salz vermengen und in den Kühlschrank stellen. Schalotten schälen, in feine Würfel schneiden und in einer Pfanne mit dem Sonnenblumenöl leicht andünsten. Mit Himbeeressig ablöschen und die Flüssigkeit etwas reduzieren. Kapern grob hacken, unterrühren und alles abkühlen lassen. Mit Salz und Pfeffer abschmecken.

Kurz vor dem Anrichten den Wildkräutersalat waschen und trocken schleudern. Die Rettichkresse ebenfalls waschen und trocken schütteln.

Die Entenherzen von Sehnen, Fett etc. befreien. In einer Pfanne das Öl erhitzen und die Herzen von jeder Seite ca. 1 Min. scharf rosa braten. Dann halbieren und mit Fleur de Sel würzen.

Jeweils eine Portion Entenherztatar anrichten und mit Wildkräutersalat, Rettichkresse,, Brotchips sowie Essigzwiebelringen garniert servieren.

Gans

GEFLÜGEL

Pochierte Gänseleberterrine

Für ca. 12 Portionen
(Standzeit ca. 24 Std.)

GÄNSELEBERTERRINE
1 cl Cognac
1 cl Madeira
2 cl roter Portwein
2 cl Wermut
(z. B. Noilly Prat)
1 EL Zucker
1 TL Meersalz
1 TL Sel Rose
(rotes Pökelsalz)
1 kg Gänsestopfleber

FEIGENCHUTNEY
6 reife Feigen
3 EL Zucker
100 ml roter Portwein
1 Msp. Quatre Épices
(Gewürzmischung)
1 cl Crème de Cassis

AUSSERDEM
Fleur de Sel
12 Scheiben geröstetes Brioche

Für die Marinade den Alkohol in einem Topf aufkochen. Zucker und Salze zugeben und darin auflösen. Etwas abkühlen lassen.

Die Gänseleber putzen, von Venen und Adern befreien. Die Marinade einmassieren und die Gänseleber abgedeckt und dunkel ca. 24 Std. kalt stellen.

Nach der Marinierzeit die Gänseleber in eine mit Folie ausgekleidete Terrinenform geben, vakuumieren und in einem Wasserbad bei 56 °C ca. 60 Min. pochieren. Dann auskühlen lassen und kalt stellen. Vor dem Servieren auf Zimmertemperatur bringen.

Die Feigen schälen, grob würfeln und mit Zucker, Portwein sowie Quatre Épices aufkochen, anschließend auf die Hälfte einkochen. Anschließend fein pürieren und gegebenenfalls durch ein Sieb streichen. Das Chutney zum Schluss mit Crème de Cassis abschmecken und bis zum Servieren kalt stellen.

Zum Anrichten die Gänseleber in Scheiben schneiden, mit Fleur de Sel bestreuen und mit geröstetem Brioche sowie Feigenchutney servieren.

Für 4 Personen

GELBE WACHSBOHNEN
Für 6 Gläser à 1,5 l Inhalt
(Standzeit mind. 7 Tage)
5 kg Wachsbohnen
3 mittelgroße Zwiebeln
1 EL Sonnenblumenöl
4 l Wasser
1 l Apfelessig
300 g Zucker
220 g Salz
120 g Senfkörner
3 Knoblauchzehen
10 Stängel Bohnenkraut

STOPPELGANSRILLETTE
Für 400 g
(Standzeit ca. 12 Std.)
200 g Gänsekeulenfleisch ohne
Knochen von der Stoppelgans
2 Gewürznelken
2 Pimentkörner
1 Lorbeerblatt
2 Wacholderbeeren
10 g Koriandersamen
5–10 g Salz
150 g Gänsefett oder Entenschmalz
50 ml Apfelsaft
Salz, Pfeffer aus der Mühle

„SCHÜTTELBROT"
Für 2 Backbleche
(Standzeit ca. 1,5 Std.)
250 g Roggenmehl (Type 1150)
750 ml lauwarmes Wasser
42 g frische Hefe (1 Würfel)
100 g Dinkelmehl (Type 630)
125 g Mehl (Type 405)
15 g Salz
3 g Fenchelsamen
10 g Kümmelsamen
Sonnenblumenöl oder Trennspray
für die Bleche
Mehl (Type 405) zum Bestäuben

AUSSERDEM
einige Spitzen Möhrengrün

Die Bohnen waschen und den Stiel entfernen. In einen Topf mit reichlich Wasser geben, kurz aufkochen, abgießen und in sterile Gläser verteilen.

Zwiebeln schälen und in feine Streifen schneiden. Das Öl in einer Pfanne erhitzen und die Zwiebeln darin glasig anschwitzen. Wasser und Essig mit Zucker, Salz und Senfkörnern aufkochen. Knoblauchzehen schälen und fein hacken. Bohnenkraut waschen, trocken schütteln und die Stängel etwas klein zupfen. Zusammen mit Knoblauch und Zwiebelstreifen in den Sud geben. Diesen einmal aufkochen und anschließend über die Bohnen gießen. Bei 90 °C ca. 20 Min. sterilisieren. Vor dem Verzehr mindestens 7 Tage ziehen lassen.

Für die Rilette das Fleisch mit Haut in Würfel mit ca. 2 cm Kantenlänge schneiden. Alle Gewürze in einer Pfanne anrösten und danach in einem Mörser grob zerstoßen. Mit den Fleischwürfeln mischen und ca. 12 Std. lang im Kühlschrank durchziehen lassen.

Anschließend das Gänsefett oder Entenschmalz auf ca. 70 °C erhitzen und mit dem Keulenfleisch vermischen. Alles zusammen in einen geeigneten Beutel geben, vakuumieren und in einem vorgeheizten Wasserbad bei 70 °C ca. 1 ½ Std konfieren. Alternativ in einem Topf bei geringer Hitze ziehen lassen, aber nicht kochen! Dann die Masse aus dem Beutel nehmen und etwas abkühlen lassen. Den Apfelsaft mithilfe eines Handrührgeräts in die lauwarme Masse einrühren. Nach Belieben noch mit Salz und Pfeffer abschmecken. Die Rilette in sterile Gläser füllen und verschließen. Im Kühlschrank aufbewahren. Vor dem Verzehr rechtzeitig herausnehmen und auf Zimmertemperatur bringen.

Für das Brot den Vorteig 100 g Roggenmehl mit 100 ml lauwarmem Wasser und ½ Würfel Hefe in einer Schüssel miteinander verkneten. Die Schüssel mit einem Tuch abdecken und den Teig an einem warmen Ort ca. 1 Std. gehen lassen.

Nach Ende der Gehzeit die restlichen Zutaten gut unterkneten und nochmals ca. 30 Min. gehen lassen.

Den Backofen auf 210 °C (Umluft) vorheizen. Die Backbleche dünn mit Öl einfetten oder mit Trennspray besprühen und leicht mit Mehl bestäuben. Den Teig dünn auf die Bleche streichen und im Backofen ca. 20–30 Min. kross backen. Dann herausnehmen, von den Blechen lösen und auskühlen lassen.

Zum Anrichten das Schüttelbrot in Stücke brechen und mit etwas Stoppelgansrillette bestreichen. Die Wachsbohnen in Stücke schneiden und darauf platzieren. Mit Möhrengrün dekorieren.

GANS

Schwarzwurzelsuppe und Gänsemagen

Für 4 Personen

KONFIERTE GÄNSEMÄGEN
(Standzeit ca. 3 Std.)
1 Schalotte
4 küchenfertige Gänsemägen
300 g flüssiges Gänseschmalz
2 Gewürznelken
1 Lorbeerblatt
3 Pimentkörner
5 g Salz

SCHWARZWURZELSUPPE
500 g Schwarzwurzeln
1 kleine Zwiebel
50 g Butter
200 ml Weißwein
500 ml Wasser
200 g Crème fraîche
½ TL Salz
½ TL Zucker
Pfeffer aus der Mühle
frisch geriebene Muskatnuss

GEWÜRZSCHWARZWURZELN
8 Schwarzwurzeln
1 Pimentkorn
1 Gewürznelke
1 Prise Zimtpulver
10 Koriandersamen
1 Msp. Kümmelsamen, gestoßen
1 Prise Salz
250 ml Mirabellen-
oder Aprikosensaft

AUSSERDEM
Gartenkresse

Für die confierten Gänsemägen die Schalotte schälen und fein würfeln. Mit den restlichen Zutaten in ein großes steriles Glas geben, verschließen und in einem heißen Wasserbad ca. 3 Std. konfieren. Die konfierten Mägen herausnehmen und abkühlen lassen. Zum Anrichten die Gänsemägen in feine Scheiben schneiden und im Gänseschmalz wieder heiß werden lassen.

Für die Suppe die Schwarzwurzeln schälen, dabei unbedingt Handschuhe tragen, und in ca. 2 cm lange Stücke schneiden. Die Zwiebel ebenfalls schälen und in kleine Würfel schneiden. Butter in einem Topf zerlassen und die Schwarzwurzeln sowie die Zwiebelwürfel darin anschwitzen. Mit Weißwein ablöschen und die Flüssigkeit auf die Hälfte reduzieren. Mit dem Wasser auffüllen, aufkochen und die Schwarzwurzeln ca. 20 Min. garziehen lassen. Dann pürieren und durch ein Sieb passieren. Die Crème fraîche zugeben, mit Salz, Zucker und Pfeffer sowie Muskatnuss abschmecken. Dann warm halten.

Für das Gemüse die Schwarzwurzeln schälen, dabei unbedingt Handschuhe tragen, und in ca. 10 cm lange Stäbchen schneiden. Alle Gewürze in einem Topf ohne Fettzugabe kurz anrösten und mit Saft ablöschen. Schwarzwurzeln zugeben, einmal kurz aufkochen, ca. 10 Min. ziehen lassen und warm halten.

Zum Anrichten die Schwarzwurzelsuppe auf Teller verteilen. Die Schwarzwurzelstäbchen mit den Gänsemagenscheiben darin anrichten und mit Kresse garniert servieren.

TIPP Wenn die Schwarzwurzeln nicht direkt nach dem Schälen weiterverarbeitet werden, einfach mit Zitrone oder Essig beträufeln, damit sie schön weiß bleiben.

Gänsebrust und Rotkohlsalat mit Macadamianüssen

Für 4 Personen

GÄNSEBRÜSTE
(Standzeit ca. 4 Std.)
4 Gänsebrüste (à ca. 280 g)
Butterschmalz zum Braten

ROTKOHLSALAT MIT MACADAMIANÜSSEN
(Standzeit ca. 2 Std.)
500 g Rotkohl
50 g getrocknete Feigen
Salz, Pfeffer aus der Mühle
3 EL Aceto balsamico
1 EL brauner Zucker
½ Stange Zimt
2 Gewürznelken
3 EL Walnussöl
80 g gesalzene, geröstete Macadamianusskerne

Die Gänsebrüste vakuumieren und in einem vorgeheizten Wasserbad bei 80 °C ca. 4 Std. sous-vide garen. Anschließend aus dem Beutel nehmen und trocken tupfen.

In einer großen Pfanne etwas Butterschmalz zerlassen. Die Brüste mit der Fettseite nach unten hineinlegen und knusprig braten, dann wenden und auf den Fleischseiten braun braten.

Für den Salat den Rotkohl putzen, den Strunk entfernen und in feine Streifen hobeln. Feigen in feine Streifen schneiden und mit Salz und Pfeffer würzen. Feigen mit Aceto balsamico, Zucker, Zimtstange sowie Gewürznelken in einem Topf erhitzen und abgedeckt ca. 5 Min. ziehen lassen. Nelken und Zimtstange anschließend entfernen und alles mit dem Walnussöl unter den Rotkohl mischen. Kräftig mit den Händen verkneten und mindestens 2 Std. ziehen lassen. Macadamianusskerne grob hacken und die Hälfte davon unter den Rotkohl heben. Rotkohlsalat nochmals abschmecken, anrichten und mit den restlichen Nüssen bestreuen.

Die aufgeschnittenen Gänsebrüste mit dem Rotkohlsalat servieren.

Gefüllte Gänsekeule mit Rotkraut und Maronenpüree

Für 2 Personen

FÜLLUNG

50 g Schwarzbrot vom Vortag
80 ml warme Milch
50 g Apfel
Zitronensaft
25 g Gänse- oder Geflügelleber
25 g Sultaninen
25 g getrocknete Aprikosen
25 g Zitronat
50 g körniger Senf
Salz, Pfeffer aus der Mühle
Butter zum Einfetten

GÄNSEKEULE

2 Jung-Gänsekeulen
Salz
150 g Röstgemüse
(z. B. Knollensellerie, Möhre, Lauch)
1 rote Zwiebel
2 EL Öl
1 TL Tomatenmark
1 TL Mehl (Type 405)
150 ml kräftiger trockener Rotwein
400 ml Geflügelfond (siehe S. 218)
400 g gekochtes Rotkraut
80 g geschälte gekochte Maronen (vakuumverpackt)
100 g Sahne
Zucker

Für die Füllung das Brot in kleine Würfel schneiden und in der Milch einweichen. Den Apfel schälen, vierteln, Kerngehäuse entfernen, klein würfeln und mit etwas Zitronensaft beträufeln. Gänselebern putzen und zusammen mit Sultaninen, getrockneten Aprikosen und Zitronat fein würfeln, dann mit dem eingeweichten Brot mischen. Mit Senf, Salz und Pfeffer würzen.

Die Gänsekeulen auslösen und die Knochen klein hacken. Die Füllung in die Gänsekeulen geben, anschließend fest in gebutterte Alufolie wickeln. In einem großen Topf Salzwasser aufkochen, die Gänsekeulen zugeben und darin bei geringer Hitze ca. 90 Min. kochen.

Das Röstgemüse putzen, gegebenenfalls schälen und grob würfeln. Zwiebel schälen und ebenfalls in grobe Würfel schneiden. Die Knochen in einem Topf mit Öl anbraten, das Röstgemüse und die Zwiebelwürfel zugeben und mit anbraten. Tomatenmark unterrühren und mit Mehl bestäuben. Mit 100 ml Rotwein ablöschen und 350 ml Fond aufgießen.

Die Gänsekeulen aus der Folie wickeln, in die Sauce mit dem Röstgemüse legen und abgedeckt etwa 30 Min. köcheln lassen.

Das Rotkraut langsam erwärmen und eventuell noch restlichen Rotwein zugeben.

Maronen passieren, mit Sahne sowie restlichem Geflügelfond vermischen und im Topf behutsam erwärmen. Mit Salz und Zucker abschmecken.

Die Gänsekeulen aus der Sauce nehmen und warm halten. Die Sauce passieren, auf die gewünschte Konsistenz einkochen und abschmecken. Das Fleisch aufschneiden und auf dem Rotkraut anrichten. Maronenpüree zugeben und mit der Sauce umgießen.

Bio-Gans

Für 4 Personen
(Standzeit ca. 1 Std.)

GANS

1 Bio-Gans (ca. 3–4 kg)
3 EL Essig
Salz, Pfeffer aus der Mühle
4 Zweige Beifuß
4 Zweige wilder Majoran

SAUCE

Flügel, Hals und Innereien der Gans
250 g Wurzelgemüse
1 EL Tomatenmark
500 ml Geflügelfond
(siehe S. 218)
Salz, Pfeffer aus der Mühle
1 EL Speisestärke

Die Gans ausnehmen, kalt abbrausen und mit einem mit Essig getränkten Tuch ausreiben. Den Hals, die Flügel und Innereien für die Soße beiseitelegen. Die Gans innen und außen mit Salz, Pfeffer, Beifuß und wildem Majoran einreiben und – mit Folie abgedeckt – etwa 1 Std. im Kühlschrank stehen lassen. Danach in einen großen Bräter geben, etwas Wasser angießen und bei etwa 80 °C im Backofen ungefähr 6 Std. garen. Durch den langsamen Garprozess bleibt die Gans zart und saftig. Dabei immer wieder das ausgetretene Fett abschöpfen. Erst am Schluss die Gans aus dem Bräter nehmen und auf einem Gitter bei der dann auf 220 °C erhöhten Hitze etwa 10 Min. fertig braten. So wird sie kross und knusprig. Den Bräter mit dem restlichen Gänsefett beiseite stellen. Die fertige Gans mindestens 15–20 Min. bei etwa 70 °C ruhen lassen, bevor sie tranchiert wird.

Flügel, Hals und Innereien klein hacken und im Bräter mit dem noch vorhandenen Gänsefett anrösten. Das klein geschnittene Wurzelgemüse hinzugeben (den Lauch zuletzt) und mitrösten. Die Knochen der ausgelösten Gans ebenfalls zugeben. Das Tomatenmark hinzufügen und unter ständigem Rühren bräunen. Mit dem Geflügelfond ablöschen und sanft 40–50 Min. köcheln lassen. Abpassieren, mit Salz und Pfeffer abschmecken und mit mit in etwas Wasser aufgelöster Stärke leicht binden.

Die Gans tranchieren (siehe S. 229) und servieren. Dazu passen Knödel und Rotkohl.

> **TIPP** Sehr gut schmeckt die Gans auch, wenn sie mit einem Teig aus Brötchen, Eiern, Zwiebeln, Äpfeln und der Gänseleber gefüllt wird.

Wachtel, Perlhuhn, Taube, Wildente, Wildgans, Fasan

GEFLÜGEL

WILDGEFLÜGEL

Wachtelbrust mit Steinpilzraviolo

Für 4 Personen

RAVIOLI
200 g Mehl (Type 550)
1 Ei
2 Eigelb
1 EL Olivenöl
Salz
300 g frische Steinpilze
1 Schalotte
2 EL Öl
1 EL Butter
1 EL gehackte glatte Petersilie
Pfeffer aus der Mühle
Aceto balsamico
1 Eigelb zum Bestreichen
2 EL geschlagene Sahne

WACHTEL
2 Wachteln
Salz, Pfeffer aus der Mühle
2 EL Öl
1 EL Butter
1 Zweig Thymian

Aus Mehl, Ei, 1 Eigelb, Olivenöl und Salz einen geschmeidigen Teig herstellen und mindestens 6 Std. in Frischhaltefolie gewickelt kalt stellen. Die Steinpilze putzen, ca. 100 Gramm schöne Exemplare aufheben und die restlichen Pilze in ca. 1 cm große Würfel schneiden. Die schönen Pilze halbieren oder vierteln. Schalotte schälen und fein hacken. Die Pilzwürfel im Öl anbraten, die Schalotte zugeben und mitbraten. Die Hitze reduzieren, Butter und Petersilie zugeben und mit Salz, Pfeffer und Aceto balsamico würzen. Abkühlen lassen.

Den Nudelteig mit einer Nudelmaschine oder einem Nudelholz dünn ausrollen. Die Pilzmasse in 4 kleinen Häufchen auf eine Hälfte der Teigbahn setzen, rundherum mit Eigelb bestreichen und die andere Hälfte darüber schlagen. Vorsichtig den Teig um die Füllung herum andrücken und die Ravioli ausstechen oder ausschneiden. Zu beachten ist, dass keine Luftblasen eingeschlossen sind. Die Ravioli in reichlich kochendem Salzwasser ca. 5 Min. garen, herausnehmen und bereithalten.

Brust und Keulen von der Karkasse ablösen. Den mittleren Knochen der Keule heraustrennen und das Fleisch mit Salz und Pfeffer würzen. Das Öl erhitzen und Brust und Keulen rundherum braun anbraten. Die Hitze reduzieren, Butter und Thymian zugeben und das Fleisch bei niedriger Hitze ca. 2 Min. ziehen lassen. Vom Herd nehmen und warm halten.

Die geviertelten Steinpilze in einer Pfanne im Öl anbraten, mit Salz und Pfeffer würzen, herausnehmen und warm stellen. Mit geschlagener Sahne und der Petersilie verfeinern. Je 1 Raviolo in die Tellermitte geben, Wachtelbrust und -keule darauf setzen, die gebratenen Steinpilze darauf arrangieren und mit dem Bratsaft übergießen.

Wachtelbrust im Wirsingmantel mit Waldpilzen

Für 4 Personen

WACHTELN
4 Wachteln
4 Wirsingblätter
Salz
50 g kalte Putenbrust
50 g kalte Sahne
Pfeffer aus der Mühle
4 Scheiben Frühstücksspeck
2 EL Butterschmalz

PILZE
400 g Pilze der Saison
(Champignons, Steinpilze,
Morcheln, Pfifferlinge o. ä.)
2 EL Butterschmalz
1 fein gehackte Schalotte
Salz, Pfeffer aus der Mühle
1 EL Aceto balsamico
1 EL gehackte Petersilie
1 EL Butter

SAUCE
Wachtelknochen
und -abschnitte
2 EL Öl
1 gehackte Schalotte
1 EL weiße Pfefferkörner
50 ml Portwein
200 ml Geflügelbrühe
(siehe S. 219)
100 g Sahne
Salz, Pfeffer aus der Mühle

Die Wachtelbrüste von den Knochen ablösen und die Knochen für die Sauce aufheben.

Die Wirsingblätter in kochendem Salzwasser ca. 2 Min. blanchieren, in kaltem Wasser abschrecken und die dicken Blattrippen herausschneiden. Die kalte Putenbrust grob würfeln und zusammen mit der Sahne und etwas Salz in einer Küchenmaschine fein zu einer Farce pürieren.

Den Backofen auf 180 °C vorheizen. Die Wirsingblätter auf einem Geschirrtuch ausbreiten, trocken tupfen, zu einem Viereck schneiden und mit der Putenfarce bestreichen. Je 2 Wachtelbrüste mit der Hautseite zusammenlegen, salzen, pfeffern, in ein Wirsingblatt einschlagen und festdrücken. Das Blatt mit dem Frühstücksspeck umwickeln und im Butterschmalz von allen Seiten anbraten. Im Backofen ca. 8 Min. garen, herausnehmen und warm stellen.

Die Pilze putzen, grob zerteilen und in einer Pfanne im Butterschmalz anbraten. Die Schalotte zugeben, mit Salz und Pfeffer würzen und mit Aceto balsamico abschmecken. Mit gehackter Petersilie bestreuen und mit der Butter verfeinern.

Die Wachtelknochen grob zerhacken, im Öl scharf anbraten und Schalotte und Pfefferkörner zugeben. Mit dem Portwein ablöschen, mit der Brühe aufgießen, etwas einkochen lassen und ca. 1 Std. bei niedriger Hitze kochen. Die Sauce durch ein Sieb gießen, mit der Sahne auffüllen und zu einer sämigen Konsistenz einkochen. Kräftig mit Salz und Pfeffer abschmecken.

Zum Anrichten die Wachtelbrust im Wirsingmantel schräg halbieren und darauf setzen. Die Pilze darüber geben und mit der Sauce umgießen. Dazu Gnocchi servieren.

Gefüllte Wachteln

Für 4 Personen

ZUTATEN

50 g Frühstücksspeck
2 Scheiben Toastbrot
6 EL Butter
100 g kernlose helle Trauben
2 Zweige Rosmarin
8 küchenfertige Wachteln
Salz, Pfeffer aus der Mühle
25 Wacholderbeeren
1 EL Öl
20 ml Madeira
100 ml Geflügelfond (siehe S. 218)

Den Backofen auf 180 °C vorheizen.

Den Frühstücksspeck klein schneiden und kurz in kochendes Wasser geben, dann ist er nicht mehr so salzig. Das Toastbrot entrinden, in Würfel schneiden und in 4 EL Butter in einer Pfanne zu Croûtons braten. Herausnehmen und auf Küchenpapier abtropfen lassen.

Die Trauben waschen und halbieren. Die Rosmarinzweige waschen und trocken tupfen. Die Wachteln mit Salz und Pfeffer würzen und mit jeweils 2 Wacholderbeeren und einem kleinen Stück Rosmarinzweig füllen. Die restlichen Wacholderbeeren in einem Mörser zerstoßen.

Die Wachteln in einer Pfanne mit der restlichen Butter und dem Öl von beiden Seiten anbraten. Alle Wachteln auf die Keulenseite legen und ca. 10 Min. im Backofen braten, dann die Wachteln umdrehen und weitere 10 Min. fertig garen. Wachteln herausnehmen und warm stellen.

Die Hälfte des Fetts aus der Pfanne abgießen, mit Madeira ablöschen und fast vollständig einkochen lassen. Den Geflügelfond zugießen und sämig einkochen lassen. Speck, Trauben und gestoßene Wacholderbeeren in die Pfanne geben und kurz durchschwenken.

Die Wachteln auf Tellern anrichten, mit der Sauce übergießen und mit den Croûtons bestreuen.

Gebratene Wachtel mit Calamaretti auf Penne

Für 4 Personen

VINAIGRETTE
2 Schalotten
1 Knoblauchzehe
2 Stängel glatte Petersilie
4 EL Olivenöl
4 EL Apfelessig
Saft von ½ Zitrone

WACHTEL AUF PENNE
120 g Penne lisce (glatt)
Salz
1 EL Butter
4 Wachteln
1 EL Butterschmalz
Pfeffer aus der Mühle
300 g Calamaretti
Sonnenblumenöl zum Anbraten

Die Schalotten schälen und fein würfeln. Knoblauch ebenfalls schälen und fein hacken. Die Petersilie waschen, trocken schütteln, Blätter abzupfen und in feine Streifen schneiden. Zusammen mit den anderen Zutaten zu einer Vinaigrette verrühren.

Die Penne in Salzwasser bissfest kochen, abschütten und vor dem Servieren in Butter anschwenken.

Den Backofen auf 180 °C vorheizen. Flügel und Keulen von den Wachteln auslösen. In Butterschmalz von beiden Seiten anbraten. Mit Salz und Pfeffer würzen und im Backofen ca. 4 Min. fertig garen.

Die Calamaretti putzen und die Tuben in feine Julienne schneiden. Die Tentakel ganz lassen und mit den Tubenjulienne kurz bei mittlerer Hitze in etwas Öl anschwenken. Anschließend in der Vinaigrette marinieren.

Die Penne in tiefe Teller verteilen. Die Wachtelflügel und -keulen sowie die Calamaretti darauf anrichten.

Ratatouille mit Rucola-Pinienkern-Schaum und gebackener Wachtel

Für 4 Personen

RATATOUILLE
1 kleine Aubergine
2 rote Paprika
5 Tomaten
3 Knoblauchzehen
100 ml Olivenöl
1 Bund Petersilie
1 Bund Basilikum
½ Bund Thymian
3 Stängel Salbei
2 Zweige Rosmarin
Fleur de Sel
Pfeffer aus der Mühle

RUCOLA-PINIENKERN-SCHAUM
5 Schalotten
10 Champignons
100 g Knollensellerie
50 ml Pinienkernöl
20 ml Champagner
20 ml Wermut (z. B. Noilly Prat)
20 ml Geflügelfond (siehe S. 218)
100 g Sahne
2 Bund Rucola
50 g geröstete Pinienkerne
Salz, Pfeffer aus der Mühle

RISOLÉEKARTOFFELN
2 festkochende Kartoffeln
1 l Öl
Salz, Pfeffer aus der Mühle

GEBACKENE WACHTEL
6 Wachteln
50 g Butter
60 g Sahne
80 g Gänseleber
5 ml Trüffelöl
60 g frischer Blattspinat
100 g Kataifi-Teig

Für das Ratatouille Aubergine, Paprika und Tomaten putzen, waschen und in feine Würfel schneiden. Knoblauch schälen und fein hacken. In einer Pfanne Olivenöl erhitzen, das Gemüse sowie den Knoblauch darin leicht anschwitzen und bei mittlerer Hitze kochen, bis das Gemüse bissfest ist. Die Kräuter waschen, trocken schütteln, Blätter bzw. Nadeln abzupfen, fein hacken und gegen Ende der Garzeit zugeben. Mit Fleur de Sel und Pfeffer abschmecken.

Für den Rucola-Pinienkern-Schaum die Schalotten schälen und in feine Scheiben schneiden. Die Champignons putzen und vierteln. Den Sellerie putzen, waschen, schälen und in Würfel schneiden. Das Pinienkernöl in einen Topf geben, erhitzen und das Gemüse darin anschwitzen. Mit Champagner und Wermut ablöschen. Die Flüssigkeit leicht einköcheln lassen, dann den Geflügelfond und die Sahne zugießen und weitere 20 Min. köcheln lassen. Durch ein Sieb passieren. Rucola putzen, waschen, trocken schleudern und grob hacken. Zusammen mit den Pinienkernen in den Topf geben und alles zu einer glatten Konsistenz pürieren. Mit Salz und Pfeffer abschmecken. Bis zum Servieren warm halten und vor dem Anrichten kurz aufschäumen.

Für die Risoléekartoffeln die Kartoffeln schälen, waschen und in ca. 4 × 4 mm kleine Würfel schneiden. In einer Schüssel mit kaltem Wasser kurz wässern, dann auf Küchenpapier gut abtropfen lassen. Im erhitzten Öl goldgelb frittieren und auf Küchenpapier abtropfen lassen. Mit Salz und Pfeffer würzen.

Von den Wachteln Brüste und Keulen auslösen. Das Fleisch von den Keulen lösen. Die Brüste in einer Pfanne mit 20 g Butter kurz anbraten. Zwei Brüste beiseitelegen und die restlichen zusammen mit dem Keulenfleisch, der Sahne, der Gänseleber sowie Trüffelöl zu einer Farce mixen. Den Spinat waschen, in kochendem Wasser blanchieren und abtropfen lassen. Die Spinatblätter auf Frischhaltefolienstücken überlappend zu zwei Spinatmatten auslegen.

Den Backofen auf 140 °C vorheizen. Die beiden Wachtelbrüste mit der Farce bestreichen. Dann mit den Spinatmatten umwickeln, zum Schluss mit dem Kataifi-Teig umwickeln. Nebeneinander auf ein Backblech setzen, mit 30 g geschmolzener Butter beträufeln und im Backofen ca. 15 Min. garen, bis die Wachteln innen noch rosa sind.

Zum Anrichten die gebackene Wachtel zusammen mit den Risoléekartoffeln auf dem Ratatouille platzieren und mit dem aufgeschäumten Rucola-Pinienkern-Schaum beträufeln.

Gegarte Wachtel im Heu

Für 4 Personen

IM HEU GEGARTE WACHTEL
4 ganze Wachteln, hohl ausgelöst
Salz, Pfeffer aus der Mühle
100 g Pilze (Steinpilze, Egerlinge, Champignons)
2 Schalotten
1 Knoblauchzehe
1 EL Öl
frisch geriebene Muskatnuss
2 EL fein gehackter Majoran
2 Handvoll Heu
100 ml Geflügelfond
200 g Mehl (Type 405)
75 g Butter
4 EL Wasser
200 ml Geflügeljus (siehe S. 218)
3 EL geschlagene Sahne

SCHWARZWURZELN
500 g geschälte und in 10 cm lange Stücke geschnittene Schwarzwurzeln
4 halbierte Schalotten
2 EL Butter
200 ml Geflügelfond (siehe S. 218)
100 ml Geflügeljus (siehe S. 218)
Salz, weißer Pfeffer aus der Mühle
frisch geriebene Muskatnuss

LAVENDELPOLENTA
450 ml Geflügelfond (siehe S. 218)
125 g Polenta
1 TL Lavendelblüten
Salz, weißer Pfeffer aus der Mühle
frisch geriebene Muskatnuss
1 Eigelb
25 g Parmesan

AUSSERDEM
4 EL Olivenöl

Den Backofen auf 200 °C vorheizen.

Die ausgelösten Wachteln mit Salz und Pfeffer würzen. Die Pilze klein schneiden und mit Schalotten und Knoblauch anschwitzen, salzen, pfeffern sowie mit Muskatnuss und Majoran abschmecken. Die Wachteln damit füllen und mit dem Heu und etwas Geflügelfond in einen Römertopf geben. Aus Mehl, Butter und Wasser einen Teig herstellen, der als „Dichtung" dient. Einen Römertopf damit verschließen und im Backofen ca. 15 Min. braten. Für die Sauce die fertige Geflügeljus einrühren, mit geschlagener Sahne verfeinern.

Die Schwarzwurzeln mit den Schalottenhälften in einer Pfanne mit Butter anschwitzen und leicht Farbe annehmen lassen. Mit Geflügelfond ablöschen und abgedeckt im Backofen bei 180 °C ca. 15 Min. garen. Wenn die Schwarzwurzeln noch einen leichten Biss haben, etwas Jus zufügen und durchschwenken. Mit Salz, Pfeffer und Muskatnuss abschmecken.

Den Geflügelfond aufkochen, die Polenta einrühren, mit Lavendelblüten aromatisieren und mit Salz, Pfeffer und Muskatnuss abschmecken. Die Polenta gut quellen lassen. Zum Schluss Eigelb und geriebenen Parmesan einrühren. Glatt auf ein Blech streichen und nach dem Erkalten rund ausstechen.

Die Polenta in Olivenöl goldgelb braten und mit den Schwarzwurzeln sowie der Wachtelsauce auf dem Teller arrangieren. Die Wachteln im Römertopf getrennt servieren.

Perlhuhnbrust mit Lauch und Austernpilzen

Für 4 Personen

PERLHUHN
4 Perlhuhnbrüste
Salz, Pfeffer aus der Mühle
2 EL Olivenöl
1 Zweig Thymian
1 Zweig Rosmarin
1 geschälte Knoblauchzehe
1 EL Butter

GEMÜSE
400 g Lauch
300 g Austernpilze
½ Knoblauchzehe
2 Schalotten
2 EL Olivenöl
Salz, Pfeffer aus der Mühle
Zucker
1 EL Aceto balsamico
Kräuter der Saison

Den Backofen auf 170 °C vorheizen.

Die Perlhuhnbrüste mit Salz und Pfeffer würzen und im Olivenöl auf der Hautseite knusprig braten. Auf die Fleischseite drehen, die Temperatur reduzieren und gewaschene Kräuterzweige, Knoblauch und Butter zugeben. Im Backofen ca. 8-10 Min. garen.

Den Lauch putzen, gründlich waschen und in 1 cm dicke Ringe schneiden. Die Austernpilze putzen und grob zerteilen. Knoblauch und Schalotten schälen und fein hacken.

Das Olivenöl erhitzen, die Pilze anbraten, Schalotten und Knoblauch mitbraten und den Lauch zugeben. Mit Salz, Pfeffer und Zucker würzen und mit dem Aceto balsamico verfeinern.

Lauch und Pilze mithilfe eines Ringes in der Mitte eines Tellers anrichten. Die Brüste aus dem Ofen nehmen, schräg in dünne Scheiben schneiden und kreisförmig auf das Gemüse legen. Mit dem reduzierten Bratenfond der Perlhuhnbrüste umgießen und mit Kräutern garnieren.

> **TIPP** Statt Perlhuhnbrust kann auch Poulardenbrust verwendet werden. Die Pilze sind beliebig ersetzbar.

Perlhuhnbrust auf Gärtnergemüse und Kressesauce

Für 4 Personen

PERLHUHN
4 Perlhuhnbrüste
Salz, Pfeffer aus der Mühle
2 EL Olivenöl
1 Zweig Thymian
1 Zweig Rosmarin
1 geschälte Knoblauchzehe
1 EL Butter

GEMÜSE
150 g junge Möhren
150 g Kohlrabi
150 g junger Lauch
150 g Zucchini
150 g Keniabohnen
Salz
6 kleine Kartoffeln
1 EL Butter
1 EL gehackter Estragon
Pfeffer aus der Mühle
Zucker

SAUCE
1 Schalotte
1 EL Butter
50 ml Weißwein
50 ml weißer Portwein
300 ml Geflügelbrühe
(siehe S. 219)
100 g Sahne
Salz, Pfeffer aus der Mühle
Zucker
frisch geriebene Muskatnuss
2 EL Crème fraîche
100 g Brunnenkresseblätter
Kräuter der Saison

Den Backofen auf 170 °C vorheizen.

Die Perlhuhnbrüste mit Salz und Pfeffer würzen und im Olivenöl auf der Hautseite knusprig braten. Auf die Fleischseite drehen, die Temperatur reduzieren und gewaschene Kräuterzweige, Knoblauch und Butter zugeben. Im Backofen ca. 8-10 Min. garen.

Das Gemüse putzen und in die gewünschte Form schneiden. Getrennt in kochendem Salzwasser garen und in kaltem Wasser abschrecken. Die Kartoffeln ggf. schälen, halbieren und in einer großen Pfanne mit etwas Butter und Wasser gar dünsten und mit Salz und Pfeffer würzen. Das Gemüse zu den Kartoffeln geben und erwärmen. Mit Estragon bestreuen und mit Salz, Pfeffer und Zucker abschmecken.

Für die Sauce die Schalotte schälen, fein hacken, in der Butter anschwitzen, mit Weißwein und Portwein ablöschen, etwas einkochen und mit der Brühe aufgießen. Die Flüssigkeit um die Hälfte reduzieren, die Sahne zugeben und mit Salz, Pfeffer, Zucker und etwas Muskatnuss würzen. Crème fraîche und Brunnenkresseblätter zugeben und mit einem Pürierstab pürieren.

Das Gemüse dekorativ auf Teller verteilen, die Perlhuhnbrüste aus dem Ofen nehmen, in Scheiben aufschneiden und darauf setzen. Mit der Sauce umgießen und mit frischen Kräutern und Brunnenkresseblättern garnieren.

TIPP Statt Perlhuhn eignen sich auch Poulardenbrüste. Das Gemüse ist je nach Geschmack und Saison beliebig ersetzbar.

WILDGEFLÜGEL

Gebratene Perlhuhnbrust mit Beerensauce, Spitzkohl und Blumenkohlcreme

Für 4 Personen

BLUMENKOHLCREME
1 Blumenkohl
Salz
70 g Butter
Pfeffer aus der Mühle
Cayennepfeffer
frisch geriebene Muskatnuss
Saft von ½ Limette

SPITZKOHL
1 Spitzkohl
Salz
2 Schalotten
Olivenöl zum Braten
Pfeffer aus der Mühle
Cayennepfeffer
frisch geriebene Muskatnuss

PERLHUHNBRUST
4 Perlhuhnbrustfilets mit Haut und Flügelknochen
Salz, Pfeffer aus der Mühle
Olivenöl zum Braten
3 Zweige Thymian
2 Zweige Rosmarin
2 Knoblauchzehen

BEERENSAUCE
150 ml Geflügeljus (siehe S. 218)
100 g Beeren (z. B. Heidelbeeren, Brombeeren, Himbeeren)
Salz, Pfeffer aus der Mühle

Den Blumenkohl waschen, putzen und in kleine Röschen teilen. In ausreichend kochendem Salzwasser so lange kochen, bis er fast zerfällt. Anschließend auf ein Blech abgießen, damit er ausdampfen kann. Die eine Hälfte in ein Passiertuch geben und kräftig die Flüssigkeit herausdrücken. Die andere sofort in einen Mixer geben und auf höchster Stufe pürieren. Die ausgedrückte Hälfte unterheben und nach und nach die Butter einrühren. Das Ganze mit Salz, Pfeffer, Cayennepfeffer, Muskatnuss und Limettensaft abschmecken, dann warm halten.

Den Spitzkohl waschen, vierteln, Strunk entfernen und in feine Streifen schneiden. Diese in reichlich kochendem Salzwasser bissfest garen, in Eiswasser abschrecken und abtropfen lassen. Kurz vor dem Anrichten die Schalotten schälen, fein würfeln und in einer Pfanne in wenig Öl farblos anschwitzen. Den Spitzkohl zugeben, mitanschwitzen und das Ganze mit Salz, Pfeffer, Cayennepfeffer und Muskatnuss würzen.

Den Backofen auf 120 °C vorheizen. Die Perlhuhnbrüste trocken tupfen, mit Salz sowie Pfeffer würzen und auf der Hautseite in einer Pfanne bei mittlerer Hitze in wenig Öl knusprig braten. Dann kurz wenden und auf ein leicht geöltes Backblech legen. Gewaschene Kräuterzweige und geschälten Knoblauch zugeben und im Backofen ca. 10 Min. fertig garen.

Für die Beerensauce die Geflügeljus erhitzen, die verlesenen Beeren hineingeben, heiß werden lassen und mit Salz und Pfeffer abschmecken.

Die Blumenkohlcreme mit Spitzkohl und Perlhuhnbrüsten anrichten und die Beerensauce dekorativ auf die Teller geben.

TIPP Bei Schwierigkeiten Perlhuhnbrüste zu bekommen, schmeckt dieses Gericht auch sehr gut mit Entenbrust.

Perlhuhnfrikassee mit Pilzen

Für 4 Personen

ZUTATEN

500 g Perlhuhnbrust
1 Bund Schnittlauch
150 g Frühlingszwiebeln
400 g gemischte Pilze
(Pfifferlinge, Egerlinge, Steinpilze)
4 Schalotten
1 EL Butter
Salz
Zitronenpfeffer
2 EL Weißwein
600 ml Geflügelfond (siehe S. 218)
1 Bio-Zitrone
200 g Crème fraîche
1 EL Speisestärke
250 g gekochter Reis

Perlhuhnbrust trocken tupfen und in Würfel schneiden.

Schnittlauch und Frühlingszwiebeln waschen und in feine Ringe schneiden. Gemischte Pilze putzen und je nach Größe klein schneiden. Schalotten schälen und in Würfel schneiden.

In einer Pfanne die Butter heiß werden lassen, das Fleisch zugeben und leicht anbraten, ohne dass es Farbe nimmt. Mit Salz und Zitronenpfeffer würzen. Pilze und Schalotten zufügen, ebenfalls kurz anbraten. Mit Weißwein ablöschen und den Geflügelfond zugießen.

Zitrone heiß abwaschen, trocken reiben, die Schale abreiben und den Saft von einer halben Zitrone auspressen. Den Abrieb zusammen mit dem Zitronensaft, den Frühlingszwiebeln, dem Schnittlauch und der Crème fraîche zufügen. Speisestärke mit etwas Wasser anrühren und die Sauce damit binden. Mit Salz und Zitronenpfeffer abschmecken.

Zum Anrichten das Frikassee mit Reis auf Teller verteilen und servieren.

WILDGEFLÜGEL

Taubenbrüste mit Walnuss-Gorgonzola-Risotto

Für 4 Personen

TAUBENBRÜSTE
4 Taubenbrüste
8 Salbeiblätter
4 Scheiben Parmaschinken
3 EL Olivenöl

WALNUSS-GORGONZOLA-RISOTTO
1 Schalotte
2 EL Olivenöl
200 g Risottoreis
100 ml Weißwein
1 Zweig Thymian
1 Lorbeerblatt
70 g Gorgonzola
500 ml Gemüsefond
Salz, weißer Pfeffer aus der Mühle
2 EL geriebener Parmesan
50 g geröstete Walnusskerne

BALSAMICOKIRSCHEN
2 EL Aceto balsamico
4 EL roter Portwein
20 entsteinte Kirschen
1 TL kalte Butter

AUSSERDEM
8 grüne Spargelspitzen
Butter
Salz, weißer Pfeffer aus der Mühle

Den Backofen auf 180 °C vorheizen.

Die Taubenbrüste in Salbeiblättern und Parmaschinken einwickeln. Kurz in Olivenöl anbraten und im Backofen ca. 4 Min. fertig garen. Kurz ruhen lassen und tranchieren.

Für das Risotto die Schalotte schälen und in Würfel schneiden. Schalottenwürfel bei niedriger Hitze in Olivenöl kurz andünsten. Den Risottoreis zugeben und glasig dünsten. Mit Weißwein ablöschen. Gewaschenen Thymianzweig, Lorbeer und Gorgonzola einrühren und nach und nach mit Gemüsefond aufgießen. Unter häufigem Rühren das Risotto bissfest kochen. Mit Salz und Pfeffer abschmecken und den Parmesan unterrühren. Mit den Walnusskernen bestreuen.

Aceto balsamico sowie Portwein zum Kochen bringen und auf die Hälfte reduzieren. Die Kirschen kurz darin schwenken und die kalte Butter unterrühren.

Zum Anrichten die Spargelspitzen garen, in Butter schwenken, würzen und auf Teller verteilen. Den Risottoreis auf Teller geben und die Taubenbrust auf dem Risotto anrichten. Die Kirschen anlegen.

Für 4 Personen

POT AU FEU
1 Bund Suppengrün
1 Zwiebel
4 Wildtauben (à ca. 200-300 g)
Salz, weißer Pfeffer aus der Mühle
1 cl süßer Sherry
½ rote Zwiebel
50 g Möhre
50 g Steckrübe
50 g grüne Bohnen

MAULTASCHEN
(Standzeit 30 Min.)
200 g Mehl (Type 405)
1 Ei
6 Eigelb
Salz
1 EL Sonnenblumenöl
4 gekochte Taubenkeulen (s. o.)
Mehl (Type 405) zum Bearbeiten

Für das Pot au feu das Suppengrün putzen, waschen und gegebenenfalls schälen. Die Zwiebel halbieren und die Schnittflächen in einer Pfanne ohne Fett dunkel bräunen; das gibt der Suppe die schöne Farbe.

Die Tauben auslösen, alle vorbereiteten Zutaten mit den Karkassen in einem Topf mit 2 l kaltem Wasser aufsetzen und langsam erwärmen. Wenn sich an der Oberfläche Schaum bildet, diesen nicht abschöpfen. Er besteht aus Eiweiß, das die Trübstoffe im kochenden Fond bindet. Die Brüste nach ca. 30 Min., die Keulen nach weiteren 20 Min. Kochzeit herausnehmen und beiseitestellen. Den Fond durch ein Geschirrtuch passieren und auf ca. 1 Liter einkochen. Erst jetzt mit Salz, Pfeffer und Sherry abschmecken. Rote Zwiebel schälen und in Scheiben schneiden.

Möhre und Steckrübe putzen, schälen und in feine Streifen schneiden. Bohnen putzen, waschen und halbieren. Das Gemüse, bis auf die rote Zwiebel, ca. 3-5 Min. in kochendem Salzwasser bissfest garen, dann mit kaltem Wasser abschrecken.

Für die Maultaschen Mehl, Ei, 3 Eigelbe, etwas Salz und Öl zu einem geschmeidigen Nudelteig verkneten, zu einer Kugel formen, in Frischhaltefolie wickeln und ca. 30 Min. kalt stellen.

Die Taubenkeulen vom Knochen lösen und in kleine Würfel schneiden.

Den Nudelteig auf einer leicht bemehlten Arbeitsfläche dünn ausrollen und der Länge nach halbieren. Eine Teighälfte mit den restlichen Eigelben bestreichen und mit einem Esslöffel kleine Häufchen des gewürfelten Keulenfleischs daraufsetzen. Mit der anderen Nudelplatte abdecken, die Ränder zwischen den Häufchen gut andrücken und mit einem gezackten Teigrad gleichmäßig ausschneiden. Die Maultaschen in der fertigen Suppe einmal aufkochen und dann ca. 5 Min. ziehen lassen.

Die Taubenbrüste in feine Scheiben schneiden und mit der Hälfte der Taubenkeulen sowie dem Gemüse in tiefen Tellern anrichten. Mit heißer Suppe übergießen, die gar gezogenen Maultaschen darin anrichten und sofort servieren.

> **TIPP** Die Maultaschen sind nicht nur als Einlage für Suppen perfekt. Sie sind auch für sich allein einen Hauptgang wert. Für 4 Personen berechnen Sie je nach Hunger die doppelte oder dreifache Menge.

Pot au Feu von der Taube mit Maultaschen

WILDGEFLÜGEL

Zweierlei von der Taube mit Verjus-Aprikosen

Für 4 Personen

ZUTATEN

8 küchenfertige Wildtauben (à ca. 200–300 g)
2 Zwiebeln
5 Stängel Petersilie
4 Lorbeerblätter
4 Gewürznelken
10 Wacholderbeeren
Salz, Pfeffer aus der Mühle
Sonnenblumenöl zum Braten
750 ml Spätburgunder
1 l Wildgeflügelbrühe (siehe S. 221)
16 Aprikosenhälften aus der Dose
1 EL Zucker
250 ml Verjus (unreifer Traubensaft)
8 getrocknete milde Chilischoten
1 EL Butter

Den Backofen auf 200 °C vorheizen.

Von den Tauben die Brüste und die Keulen auslösen. Die Zwiebeln schälen und in Scheiben schneiden. Petersilie waschen, trocken schütteln und mit Lorbeerblättern, Nelken und Wacholderbeeren in ein Gewürzsäckchen füllen und zubinden.

Die Keulen mit Salz und Pfeffer würzen und zugedeckt in einem Bräter in heißem Öl von allen Seiten anbraten. Wenn die Haut schön Farbe angenommen hat, die Zwiebeln und das Gewürzsäckchen zugeben und kurz mitbraten. Mit Wein und Brühe aufgießen. Im Backofen ca. 25–30 Min. fertig schmoren.

Die fertigen Keulen herausnehmen und warm stellen. Das Gewürzsäckchen entfernen, den Fond passieren und stark einkochen. Mit Salz und Pfeffer abschmecken und warm halten. Die Backofentemperatur auf 180 °C reduzieren.

Die Aprikosen abtropfen lassen und in Spalten schneiden. In einer Pfanne Zucker schmelzen. Aprikosenspalten zugeben und kurz karamellisieren lassen. Mit Verjus ablöschen, ganze Chilischoten zugeben und einmal aufkochen. Die Pfanne vom Herd nehmen, abkühlen lassen und Chilischoten entfernen.

Die Taubenbrüste mit Salz und Pfeffer würzen und in schäumender Butter rosa braten. Im Backofen ca. 4–5 Min. fertig braten. Die Taubenbrüste und -keulen mit den Aprikosen und der Sauce anrichten. Dazu Semmel- oder Kartoffelknödel servieren.

> **TIPP** Die Karkassen lassen sich gut einfrieren. Dann haben Sie immer eine Basis für selbst gemachte Geflügelbrühe.

Taube in der Salzkruste

Für 4 Personen

ZUTATEN
2 Tauben (à ca. 500-600 g)
2 Knoblauchzehen
2 Zweige Thymian
1 Stängel Beifuß
2 Lorbeerblätter
1 Bio-Zitrone
4 Eier
1 kg Meersalz

Die Tauben von Federn befreien, ausnehmen und den Kopf und die Stelzen abtrennen. Die Vögel kalt abbrausen und trocken tupfen.

Den Backofen auf 180 °C vorheizen. Die Knoblauchzehen schälen. Die Kräuter waschen, trocken schütteln, Blättchen abzupfen und hacken. Die Zitrone heiß abwaschen und trocknen. Knoblauch, Kräuter und Zitrone klein schneiden und die Tauben damit füllen.

Die Eier mit den Rührbesen des Handrührgeräts schaumig schlagen und mit dem Salz vermischen. Etwas Meersalzmischung auf ein Backblech mit Backpapier geben. Die Tauben darauflegen und mit der restlichen Salzmischung bedecken.

Im Backofen ca. 30 Min. backen. Anschließend ca. 10 Min. ruhen lassen, dann vorsichtig die Kruste abheben und die Tauben sofort servieren.

Dazu passen gebratene Artischocken und ein Kräuter-Rotwein-Jus.

WILDGEFLÜGEL

Wildentenkrusteln mit Griessschnitten

Für 4 Personen
(Standzeit ca. 2–3 Std.)

ZUTATEN
1 Stange Lauch
70 g Butter
1 l Milch
Salz
250 g Hartweizengrieß
2 Eier
Pfeffer aus der Mühle
6 Wildentenkeulen
Sonnenblumenöl zum Braten
4 Stängel Koriander
1 TL Paradieskörner
100 g Zucker
100 ml Wildgeflügelbrühe
(siehe S. 221)
2 EL Sojasauce

Den Lauch putzen, waschen, in sehr kleine Stücke schneiden und in 1 EL Butter anschwitzen. Milch, 40 g Butter und 1 Prise Salz aufkochen und den Grieß einrühren. Dabei aufpassen, dass der Grieß nicht ansetzt. Lauch zugeben, die Hitze reduzieren, den Topf beiseitestellen und ca. 5 Min. quellen lassen.

Nach und nach die Eier unterrühren und mit Salz und Pfeffer abschmecken. Die fertige Masse in eine mit Frischhaltefolie ausgelegte Form ca. 1,5 cm hoch füllen und einige Std. abkühlen lassen. Anschließend die Masse aus der Form stürzen und in Rauten schneiden.

Den Backofen auf 160 °C vorheizen. Die Entenkeulen mit Salz und Pfeffer würzen, in einer ofenfeste Pfanne in wenig heißem Öl hellbraun braten und im Backofen ca. 30 Min. fertig braten.

Koriander waschen, trocken schütteln und die Blättchen abzupfen. Paradieskörner in einem Mörser zerstoßen. In einem Topf Zucker karamellisieren, die Brühe sowie Sojasauce zugießen und sämig einkochen. Mit den zerstoßenen Paradieskörnern und 1 Prise Salz abschmecken. Die fertig gegarten Entenkeulen auslösen, klein schneiden, lauwarm zum Karamell geben und kurz durchschwenken. Falls das Karamell etwas zu fest sein sollte, noch etwas Brühe zugießen. Mit Korianderblättchen bestreuen.

Die Grießschnitten in der restlichen Butter von beiden Seiten braten und zusammen mit den Entenkrusteln auf Tellern anrichten.

INFO Paradieskörner, auch unter dem Namen Guineapfeffer oder Meleguetapfeffer bekannt, sind die Samen einer der Ingwerfamilie angehörenden Pflanze aus Westafrika. Die getrockneten Samen erinnern geschmacklich an Pfeffer, Ingwer und Zimt, von der Form her gleichen sie Kardamomsamen. Sie passen auch sehr gut zu Fisch, Lammfleisch oder Gemüse wie Kürbis, Auberginen oder Kartoffeln.

Wildente mit Orangen-Aprikosen-Füllung

Für 2 Personen

ZUTATEN

200 ml Milch
2 Brötchen vom Vortag
1 Orange
2 Stängel Majoran
2 Stängel Estragon
5 frische oder 8 getrocknete Aprikosen
4 Schalotten
1 EL Butter
Salz, weißer Pfeffer aus der Mühle
1 Lorbeerblatt
1 küchenfertige Wildente (ca. 1 kg)

Den Backofen auf 180 °C vorheizen.

Die Milch erwärmen, die Brötchen in kleine Würfel schneiden und in der Milch einweichen. Die Orange schälen, dabei die weiße Schale entfernen und das Fruchtfleisch in Würfel schneiden. Majoran und Estragon waschen, trocken schütteln und die Blättchen abzupfen. Aprikosen waschen, halbieren, entsteinen und klein schneiden. Falls getrocknete verwendet werden, diese vierteln. Schalotten schälen, würfeln und in Butter glasig dünsten.

Alle vorbereiteten Zutaten miteinander vermischen. Mit Salz und Pfeffer abschmecken und das Lorbeerblatt zugeben. Die Wildente innen und außen mit Salz würzen. Die Füllung hineingeben, mit Küchengarn zubinden und auf ein tiefes Backblech setzen. Da die Füllung keine Eier enthält, ist sie etwas feuchter, da sie nicht stockt, ihr Geschmack ist so jedoch deutlich aromatischer.

Die Ente im Backofen ca. 30 Min. garen, dabei immer wieder mit Bratfett begießen. Temperatur auf 150 °C reduzieren und weitere 30 Min. garen. Etwa 5 Min. vor Ende der Garzeit die Temperatur wieder erhöhen auf 220 °C Oberhitze, damit die Ente schön knusprig wird. Dann herausnehmen und genießen.

> **TIPP** Um den Fond zu entfetten, den Bratensatz durch ein mit Küchenpapier ausgelegtes Sieb, oder noch einfacher in eine Fetttrennkanne gießen. So lässt er sich prima zu einer Sauce weiterverarbeiten. In der Saison bietet es sich an, auf frische Aprikosen zurückzugreifen.

Wildente mit karamellisiertem Sauerkraut

Für 4 Personen

ZUTATEN

350 g Sauerkraut
2 küchenfertige Wildenten
Salz, Pfeffer aus der Mühle
4 große Scheiben fetter Speck
2–3 Schalotten
1 EL Butter
1 EL Butterschmalz
20 Wacholderbeeren
50 ml Weißwein
50 ml Apfelsaft
2 EL Honig

Den Backofen auf 200 °C vorheizen.

Sauerkraut abtropfen lassen und ausdrücken.

Die Enten innen und außen salzen und pfeffern, mit der Brust nach oben in den Bräter legen und mit den Speckscheiben belegen. Die Enten im Backofen ca. 35 Min. garen. Den Speck abnehmen und die Enten weitere 20 Min. ohne Deckel bräunen.

Die Schalotten schälen und in einem Topf mit Butter und Schmalz andünsten. Das Sauerkraut und die zerdrückten Wacholderbeeren dazugeben. Wein und Apfelsaft angießen und mit Deckel leicht köcheln, bis der Wein verdampft ist. Den Honig untermischen und bei starker Hitze karamellisieren, bis das Kraut goldbraun ist, dabei immer wieder rühren. Mit Salz und Pfeffer abschmecken und mit den Enten anrichten.

Wildentenbrust mit Trauben

Für 4 Personen

ZUTATEN

4 Wildentenbrüste ohne Haut
Salz, Pfeffer aus der Mühle
1 EL Öl
50 g Butter
3 Schalotten
10 Wacholderbeeren
½ Lorbeerblatt
500 g Sauerkraut
125 ml Weißwein
250 g Muskateller-Weintrauben

Die Entenbrüste trocken tupfen, salzen und pfeffern. In einer Pfanne zuerst das Öl, dann die Butter erhitzen und die Wildentenbrüste darin schnell auf beiden Seiten anbraten, dann herausnehmen.

Die Schalotten schälen und fein würfeln, in dem Bratfett glasig dünsten und den Pfanneninhalt in einen Topf füllen.

Die Wacholderbeeren leicht andrücken und mit dem halben Lorbeerblatt in den Topf geben. Das Sauerkraut mit zwei Gabeln auflockern und mit dem Wein zugeben. Mit Salz sparsam abschmecken. Bei niedriger Hitze etwas köcheln lassen, dann die Entenbrüste darauflegen und den Topf zudecken. Ca. 30-40 Min. ganz leise vor sich hin simmern lassen.

Inzwischen die Trauben waschen, halbieren und die Kerne mit einem spitzen Messer entfernen. Die Traubenhälften unter das Sauerkraut mischen und noch weitere 4-5 Min. erhitzen.

Das Lorbeerblatt entfernen und das Fleisch auf dem Kraut anrichten.

Pfifferling-Risotto mit Wildentenleber und Onsen-Ei

Für 4 Personen

ZUTATEN
4 Eier (M)
1 Schalotte
6 EL Butter
200 g Risottoreis
100 ml Weißwein
400 ml heiße Wildgeflügelbrühe (siehe S. 221)
60 g geriebener Parmesan
200 g Pfifferlinge
Salz, Pfeffer aus der Mühle
600 g Wildentenlebern
4 TL Bärlauchpesto

Die Eier in einem Dampfgarer bei exakt 64 °C und 100 % Luftfeuchtigkeit ca. 70 Min. garen.

Die Schalotte schälen, fein würfeln und in 1 EL heißer Butter andünsten. Den Reis zugeben und so lange mitdünsten, bis alle Körner von Butter überzogen sind. Anschließend mit Weißwein ablöschen. Den Reis bei niedriger Hitze kochen, dabei immer wieder so viel heiße Brühe zugießen, dass die Oberfläche knapp bedeckt ist. Häufig umrühren, damit der Risotto sich nicht am Topfboden ansetzt. Die Reiskörner sollten weich sein, aber im Inneren noch einen kleinen festen Kern haben. Parmesan und 2 EL Butter unterrühren, falls nötig noch etwas Brühe zugießen.

Pfifferlinge säubern und in 1 EL Butter anschwitzen. Unter den Risotto heben und mit Salz und Pfeffer abschmecken.

Die Lebern putzen. Die restliche Butter aufschäumen, die Lebern kurz darin schwenken, aber nicht durchbraten. Zum Schluss mit Salz und Pfeffer würzen.

Zum Anrichten die fertigen Eier aus der Schale lösen. Den Risotto auf Teller verteilen und mit Lebern und Eiern anrichten. Mit Bärlauchpesto beträufeln.

> **INFO** Die Zubereitung des „Onsen-Ei" ist eine japanische Variante. Seit Jahrhunderten garen viele Japaner ihre Hühnereier im Sand der heißen Quellen. Die Garzeit liegt bei über 1 Std.. Weil das Ei also dadurch knapp unter der thermischen Eiweißgerinnungsgrenze ganz langsam stockt, bekommt es eine geschmeidige Struktur.

Wildgans mit Hackfleischfüllung

Für 4 Personen

ZUTATEN

100 ml Milch
1 Brötchen vom Vortag
1 Ei
1 Zwiebel
½ Bund Petersilie
1 Stängel Majoran
1 Wildgänseleber (ca. 50 g)
2 EL Gänseschmalz
500 g Schweinehackfleisch
Salz, weißer Pfeffer aus der Mühle
1 küchenfertige Wildgans (ca. 3 kg)
100 ml Wildgeflügelbrühe
(siehe S. 221)

Den Backofen auf 180 °C vorheizen.

Die Milch erwärmen, Brötchen in kleine Würfel schneiden und mit der Milch übergießen. Etwas ziehen und abkühlen lassen, danach das Ei sorgfältig untermischen.

Die Zwiebel schälen und würfeln. Kräuter waschen, trocken schütteln, Blättchen abzupfen und hacken. Leber putzen und anschließend würfeln.

Das Gänseschmalz in einer Pfanne erhitzen. Zwiebel, Leber und Hackfleisch darin anbraten. Petersilie und Majoran zugeben und mit Salz und Pfeffer abschmecken. Die Pfanne vom Herd nehmen und die Brötchenmasse mit dem angebratenen Hack vermengen. Nochmals abschmecken.

Die Gans innen mit Salz würzen, die Füllung hineingeben und mit Küchengarn zubinden. Die Keulen ebenfalls zusammenbinden und außen mit Salz und Pfeffer würzen. In einen Bräter geben, im Backofen ca. 2,5 Std. braten und dabei in regelmäßigen Abständen mit Brühe und Bratfett übergießen. Die Temperatur auf 220 °C erhöhen und die Gans weitere 20 Min. braun und knusprig braten.

Wildgans mit Gänseleberfüllung

Für 4 Personen

ZUTATEN

280 ml Milch
300 g Brötchen vom Vortag
2 Eier
1 Zwiebel
1 Stängel Majoran
1 Spitze Beifuß
2 Gänse- oder Geflügellebern (à ca. 50 g)
4 EL Sonnenblumenöl
Salz, weißer Pfeffer aus der Mühle
15 geschälte gekochte Maronen (vakuumverpackt)
1 küchenfertige Wildgans (ca. 3 kg)

Die Milch erwärmen, Brötchen in Scheiben schneiden und mit der lauwarmen Milch übergießen. Die Eier zugeben und ca. 30 Min. ziehen lassen.

Die Zwiebel schälen und in feine Würfel schneiden. Die Kräuter waschen, trocken schütteln, Blätter abzupfen und hacken. Gänselebern von Haut und Sehnen befreien und würfeln. Zwiebel- und Leberwürfel in 1 EL heißem Öl andünsten. Mit Salz, Pfeffer und den Kräutern abschmecken. Etwas abkühlen lassen.

Den Backofen auf 170 °C vorheizen.

Brötchen mit der Leber-Zwiebel-Mischung, den Maronen und dem restlichen Öl gut vermischen. Mit Salz und Pfeffer abschmecken. Die Gans innen mit Salz und Pfeffer würzen. Die Füllung hineingeben, dabei die Gans nur zu 4/5 füllen, da die Masse noch aufgeht. Je nach Größe der Gans kann etwas Masse übrig bleiben. Danach mit Küchengarn zubinden. Die Keulen ebenso zusammenbinden und außen mit Salz und Pfeffer würzen.

Einen Bräter 4 cm hoch mit Wasser füllen, die Gans hineingeben und ca. 2 Std. braten, bis sie eine schöne Farbe angenommen hat. Dann die Temperatur auf 125 °C reduzieren und ca. 1 Std. fertig braten. Die Gans ab und zu mit Bratfett übergießen.

> **TIPP** Durch das am Anfang des Bratvorgangs zugegebene Wasser löst sich das Fett der Gans. Wenn es nach einiger Zeit verdunstet ist, brät die Gans im eigenen Fett.

Fasanenbrust auf Pulpoterrine

Für 4 Personen
(Standzeit 12 Std.)

PULPOTERRINE
1 Zwiebel
2 Lorbeerblätter
4 Gewürznelken
500 g küchenfertiger Pulpo
Salz
8 EL Olivenöl
8 EL Wildgeflügelbrühe
(siehe S. 221)
Zitronensaft
Hibiskussalz
Pfeffer aus der Mühle

FASANENBRÜSTE
1 Stange Staudensellerie
1 Stängel Basilikum
4 Zweige Thymian
2 EL Semmelbrösel
2 Fasanenbrüste ohne Haut
(à ca. 150 g)
Salz, Pfeffer aus der Mühle
Sonnenblumenöl zum Braten
4 EL geschmolzene Butter

Die Zwiebel schälen und mit den Lorbeerblättern sowie den Nelken spicken. Den Pulpo mit der Zwiebel ca. 10 Min. in reichlich Salzwasser kochen. Von der Kochstelle nehmen und abgedeckt ca. 1 Std. ziehen lassen.

Anschließend herausnehmen, gut abtropfen lassen, den Pulpo grob zerteilen und sofort in eine mit Frischhaltefolie ausgelegte, rechteckige Form gemäß der Pulpomenge hoch einschichten. Dabei darauf achten, dass die Tentakel waagerecht hineingegeben werden, das gibt später die schöne Struktur. Der Kochsud wird nicht mehr benötigt. Mit einem passenden Brett pressen, mit einem Gewicht beschweren und über Nacht kalt stellen. Der Pulpo geliert von allein.

Den Backofen auf 60 °C vorheizen. Aus Olivenöl, Geflügelbrühe, 1 Spritzer Zitronensaft, Hibiskussalz und Pfeffer eine Vinaigrette herstellen. Die Terrine aus der Form stürzen. Falls sie anhängt, mit einem Messer die Seitenränder lösen. Die Pulpoterrine in hauchdünne Scheiben schneiden. Mit der Vinaigrette marinieren und kurz im Backofen warm stellen. So wird der Pulpo schön weich und saftig.

Für die Fasanenbrüste den Backofen auf 200 °C vorheizen. Den Staudensellerie putzen, waschen und in dünne Scheiben schneiden. Basilikum und Thymian waschen, trocken schütteln, die Blättchen abzupfen und das Basilikum in feine Streifen schneiden. Thymianblättchen mit Semmelbrösel mischen. Die Fasanenbrüste plattieren, vierteln, mit Salz und Pfeffer würzen.

Die Fasanenbruststücke in einer ofenfesten Pfanne im heißen Öl von allen Seiten anbraten, mit den Thymianbröseln bestreuen und mit flüssiger Butter beträufeln. Im Backofen im oberen Drittel ca. 5 Min. gratinieren.

Zum Anrichten die Pulpoterrine mit Staudensellerie und Basilikum bestreuen und mit den gratinierten Fasanenbruststücken servieren.

Fasan mit Zitronenthymian und neuen Kartoffeln

Für 4 Personen

ZUTATEN

2 Fasane (à ca. 800 g)
Salz
Pfeffer aus der Mühle
500 g neue Kartoffeln
1 Bund Zitronenthymian
4 EL Butterschmalz
1 Bio-Limette
1 Knoblauchknolle

AUSSERDEM

Olivenöl
grobes Salz

Den Backofen auf 180 °C vorheizen.

Von den Fasanen die Keulen und Brüste auslösen und mit Salz und Pfeffer würzen. Die Kartoffeln gründlich waschen und ggf. abbürsten. Zitronenthymian ebenfalls waschen und trocken schütteln. Die Fasanenbrüste und -keulen in heißem Butterschmalz anbraten und zusammen mit den Kartoffeln auf einem Blech im Backofen ca. 30 Min. backen.

Limette heiß abwaschen, vierteln und in Scheiben schneiden. Von der Knoblauchknolle die Zehen auslösen. Nach 10 Min. die Brüste herausnehmen, die Limettenscheiben und die Knoblauchzehen mit Schale zugeben, die Kartoffeln wenden, und weitere 10 Min. garen. Die Fasanenbrüste und den Zitronenthymian wieder zugeben und heiß werden lassen. Fasanenbrüste und -keulen mit den Kartoffeln anrichten, mit Olivenöl beträufeln und mit grobem Salz bestreuen.

Fasanenbrust und gegrillte Wassermelone auf Sepianudeln

Für 4 Personen

ZUTATEN
150 g Pistazien
1 Bio-Zitrone
250 g Minze
150 g Basilikum
250 g Parmesan
1 EL Chiliflocken
500 ml Olivenöl
Salz, Pfeffer aus der Mühle
250 g Sepia
700 g Wassermelone
Olivenöl zum Braten
4 Fasanenbrüste mit Knochen

Den Backofen auf 180 °C vorheizen. Die Pistazien in einer Pfanne ohne Zugabe von Fett rösten und grob hacken. Die Zitrone heiß waschen, trocknen und die Schale abreiben. Minze und Basilikum waschen und trocken schütteln, die Blättchen abzupfen. Den Parmesan reiben. Alle vorbereiteten Zutaten mit Chiliflocken und Olivenöl in einem Standmixer zu einem Pesto verarbeiten. Mit Salz und Pfeffer abschmecken.

Sepia putzen und die Tuben in feine Streifen schneiden. In reichlich kochendes Salzwasser geben, den Topf vom Herd nehmen und die Sepia darin noch 15 Sek. ziehen lassen. Über einem Sieb abgießen, sofort mit 2-3 EL von dem vorbereiteten Pesto vermischen. Das übrige Pesto in ein verschließbares Glas abfüllen, die Oberfläche mit Olivenöl bedecken und für ein anderes Rezept kühl sowie dunkel aufbewahren.

Die Wassermelone je nach Größe vierteln oder achteln, entkernen und das Fruchtfleisch mit einem scharfen Messer in dreieckige Stücke schneiden. In einer Grillpfanne einige Tropfen Olivenöl erhitzen, die Melonenstücke zugeben und auf jeder Seite ca. 30 Sek. grillen.

Fasanenbrüste mit Salz und Pfeffer würzen und im Backofen ca. 3 Min. rosa braten. Unbedingt darauf achten, dass die Fasanenbrüste nicht ganz durchgebraten sind, sonst werden sie trocken.

Die Sepianudeln auf Teller verteilen, darauf die gegrillte Wassermelone und die Fasanenbrüste anrichten.

> **TIPP** Darauf achten, dass beim Vorbereiten der Sepia der Kopf samt Innereien sowie das Chitinstück herausgezogen wird. Die Tuben innen und außen am besten unter fließendem Wasser reinigen, dabei die Haut abziehen. Trocken tupfen und wie gewünscht weiterverarbeiten.

WILDGEFLÜGEL

Ragout fin vom Fasan

Für 4 Personen

RAGOUT FIN
12 Fasanenkeulen
1 Bund Suppengrün
100 g Champignons
4 Lorbeerblätter
3 Stängel glatte Petersilie
150 g Sahne
1 EL Mehlbutter
(Verhältnis 1:1 Mehl/Butter)
Salz, Pfeffer aus der Mühle

BLÄTTERTEIGPASTETEN
1 Packung Blätterteig (270 g)
aus dem Kühlregal
1 Eigelb

Die Fasanenkeulen in Unter- und Oberkeulen trennen. Das Suppengrün putzen, waschen, gegebenenfalls schälen und in Würfel schneiden. Champignons säubern und klein schneiden.

Die Keulen mit dem Suppengrün in einen Topf mit 2 l Wasser, Lorbeerblättern und gewaschenen Petersilienstängeln geben, kurz aufkochen und ca. 40 Min. bei mittlerer Hitze kochen. Anschließend die gegarten Keulen herausnehmen und abtropfen lassen. Das Fleisch von den Oberkeulen abzupfen und in Würfel schneiden. Die Unterkeulen werden nicht mehr benötigt.

Den Fond durch ein feines Sieb passieren und auf ca. 500 ml einkochen. Die Sahne zugeben, kurz aufkochen und mit Mehlbutter binden, damit die Sauce schön sämig wird. Das Fleisch zugeben, heiß werden lassen und mit Salz und Pfeffer abschmecken.

Für die Pasteten den Backofen auf 200 °C vorheizen. Den Blätterteig entrollen und daraus 8 Kreise (Ø 10 cm) ausstechen. Bei der Hälfte der Kreise zusätzlich jeweils einen kleineren Teigkreis (Ø 8 cm) ausstechen.

Die größeren Kreise vorsichtig mit Eigelb bestreichen, sodass es nicht über den Rand läuft, da sonst der Blätterteig nicht aufgeht. Die Kreise mit dem ausgeschnittenen Loch ebenfalls mit Eigelb bestreichen und daraufsetzen. Zum Schluss die beiseitegelegten Deckel mit dem restlichen Eigelb bestreichen. Alles nebeneinander auf ein mit Backpapier belegtes Backblech setzen und im Backofen ca. 18 Min. backen. Herausnehmen und leicht abkühlen lassen.

Zum Anrichten das Ragout fin in die Blätterteigpasteten füllen und zum Schluss den Deckel auflegen. Servieren Sie dazu Reis und einen knackig grünen Salat.

> **TIPP** Alternativ können auch die Fasanenbrüste verwendet werden. Dann wird das Ragout fin besonders fein.
> **INFO** Bei Fasan ist es immer schwierig, das Keulenfleisch sinnvoll zu verwerten. Die Unterkeulen am besten nur für den Fond verwenden, da sie verknöcherte Sehnen besitzen, die noch gefährlicher als Fischgräten sind. Das mühsame Heraussuchen lohnt sich nicht! Die Unterkeulen sind auch als Tierfutter völlig ungeeignet! Die ausgebeinte Oberkeule eignet sich zum Beispiel sehr gut zum Confieren. Man kann sie auch sehr vorsichtig bei niedriger Hitze garen.

Fasan à la Backhendl mit Kartoffel-Gurken-Salat

Für 4 Personen

KARTOFFEL-GURKEN-SALAT
800 g festkochende Kartoffeln
Salz
1 kleine Salatgurke
3 Stängel Petersilie
150 ml Wildgeflügelbrühe
(siehe S. 221)
oder Gemüsebrühe
1 kleine Zwiebel
1 EL Butter
1 TL Senf
6 EL Apfelessig
weißer Pfeffer aus der Mühle
3 EL Sonnenblumenöl

FASAN À LA BACKHENDL
4 Fasanenbrüste ohne Haut
(à ca. 120 g)
Salz, weißer Pfeffer aus der Mühle
50 g Mehl (Type 405)
2 Eier
200 g Semmelbrösel
4 EL Butterschmalz

AUSSERDEM
Wild-Preiselbeeren

Für den Kartoffel-Gurken-Salat die Kartoffeln waschen und in ausreichend Salzwasser ca. 20-25 Min. kochen. Die Gurke putzen, schälen und in feine Scheiben schneiden. Gurkenscheiben salzen und ca. 10 Min. auf einem Sieb abtropfen lassen. Petersilie waschen, trocken schütteln, die Blätter abzupfen und hacken.

Die Brühe erhitzen. Zwiebel schälen, in feine Würfel schneiden und in Butter glasig anschwitzen. Anschließend mit der Brühe, Senf, Essig und Petersilie gut vermischen.

Die Kartoffeln abgießen, etwas abkühlen lassen, pellen und in feine Scheiben schneiden. Mit den Gurken und der Salatsauce vermischen sowie mit Salz und Pfeffer abschmecken. Ganz zum Schluss das Öl zugeben und den Salat sofort servieren.

Für den Fasan den Backofen auf 180 °C vorheizen. Die Fasanenbrüste trocken tupfen undmit Salz und Pfeffer würzen. Zuerst in Mehl, dann in den verquirlten Eiern und anschließend in Semmelbröseln wenden. Die panierten Fasanenbrüste in einer Pfanne mit heißem Butterschmalz von beiden Seiten goldbraun braten und im Backofen in ca. 5 Min. fertig garen.

Zum Anrichten den Kartoffelsalat auf Teller verteilen und den Fasan darauf platzieren. Die Zitrone waschen, trocken reiben und vierteln. Jeweils ein Zitronenviertel anlegen.

Fasan im Pergament

Für 4 Personen

GEFLÜGELFARCE
350 g Putenfleisch
50 g Geflügelleber
120 g Sahne
100 g gemischtes Wurzelgemüse
Salz
1 Stängel Petersilie
1 Scheibe Toastbrot
Butter zum Braten
1 Ei
Pfeffer aus der Mühle
2 EL geschlagene Sahne

FASANE
2 küchenfertige Fasane
(à ca. 800 g–1 kg)
Butter zum Bestreichen
Salz, Pfeffer aus der Mühle
zubereitete Geflügelfarce
Sonnenblumenöl zum Braten

Für die Farce Putenfleisch, Geflügelleber und Sahne im Tiefkühlfach kurz anfrieren.

Das Gemüse putzen, schälen und in feine Würfel schneiden. In einem kleinen Topf in ausreichend Salzwasser ca. 1–2 Min. bissfest garen. Abtropfen und auskühlen lassen. Petersilie waschen, trocken schütteln, Blättchen abzupfen und hacken. Das Toastbrot in kleine Würfel schneiden und in einer Pfanne in etwas Butter goldgelb zu Croûtons braten.

Die angefrorenen Zutaten zusammen mit Ei, Salz und Pfeffer in einem Standmixer zu einer geschmeidigen Farce pürieren. Gemüsewürfel, Petersilie, Croûtons sowie geschlagene Sahne unterheben und alles nochmals kräftig würzen.

Den Backofen auf 150 °C vorheizen. Die Fasane von unten mit einem Messer aufschneiden. Die Knochen vom Rückgrat her hohl auslösen, dabei beachten, dass möglichst keine Löcher in der Haut entstehen.

Das Geflügel mit der Hautseite auf jeweils ein gebuttertes Pergamentpapier legen, mit Salz und Pfeffer würzen und die vorbereitete Geflügelfarce in der Mitte verteilen. Den Fasan aufrollen. Die Seiten des Pergamentpapiers einschlagen, zu einer schönen Rolle formen und mit Küchengarn wie einen Rollbraten verschnüren.

Die Fasanenpäckchen in einer Pfanne im heißen Öl rundherum anbraten. Man kann durch das Papier sehen, wie die Haut langsam braun wird. Mithilfe eines Fleischthermometers so lange im Backofen garen, bis eine Kerntemperatur von 65 °C erreicht ist. Herausnehmen, auspacken und aufschneiden.

> **TIPP** Wildgeflügel wird trocken? Dieses ganz sicher nicht! Als Beilage zum Fasan in Pergament eignet sich zum Beispiel sehr gut ein Pfifferling-Risotto (siehe S. 200).

Fonds, Jus, Küchen-praxis

GEFLÜGEL

Geflügelfond

Für ca. 2 l

ZUTATEN
150 g Zwiebeln
1 Lorbeerblatt
1 Gewürznelke
150 g Möhren
50 g Staudensellerie
100 g Weißes vom Lauch
50 g Knoblauchzehen
1,5 kg Hühnerflügel oder
1 Suppenhuhn
2 Stängel Petersilie
2 Zweige Thymian
2 g zerstoßener weißer Pfeffer
4 l Wasser
Salz, Pfeffer aus der Mühle

Die Zwiebeln schälen und eine mit dem Lorbeerblatt und der Nelke spicken. Die Möhren ebenfalls schälen und längs halbieren. Staudensellerie und Lauch putzen und beides grob würfeln. Knoblauchzehen schälen und halbieren.

Die Hühnerflügel oder das Suppenhuhn ca. 1 Min. kochen und abtropfen lassen.

Zusammen mit den vorbereiteten Zutaten, Petersilie, Thymian und Pfeffer in einen großen Suppentopf geben und mit dem Wasser aufgießen. Aufkochen und bei niedriger Hitze ca. 3 Std. köcheln lassen, dabei regelmäßig abschäumen

Anschließend passieren und gegebenenfalls abschmecken. Abkühlen lassen, kalt stellen und das erkaltete Fett entfernen.

Geflügeljus

Für ca. 1 l

ZUTATEN
10 g Möhre
30 g Zwiebel
20 g Staudensellerie
1 kg Geflügelknochen
1 EL Öl
1 Gewürznelke
4 Wacholderbeeren
1 kleiner Zweig Thymian
1 kleiner Zweig Rosmarin
1 Lorbeerblatt
40 ml Rotwein
40 ml Madeira
2 l Wasser
2 EL Champignonabschnitte
(Stiele und Schalen)
Salz, Pfeffer aus der Mühle

Den Backofen auf 220 °C vorheizen.

Möhre und Zwiebel schälen und grob würfeln. Staudensellerie putzen und ebenfalls grob würfeln. Die Geflügelknochen mit dem Gemüse im Öl anrösten, bis alles schön braun geworden ist.

Gewürze und Kräuter zugeben und ebenfalls ein wenig anrösten. Mit Rotwein und Madeira ablöschen und fast vollständig reduzieren. Mit Wasser aufgießen, bis alles bedeckt ist und die Champignonabschnitte zugeben.

Im Backofen ca. 2 Std. köcheln und bis auf etwa 1 l reduzieren. Durch ein feines Sieb passieren und gegebenenfalls mit Salz und Pfeffer abschmecken.

Geflügelbrühe

Für ca. 2 l

ZUTATEN

1 Poularde (ca. 1,3–1,5 kg)
3 EL Öl
200 g Möhren
200 g Zwiebeln
200 g Lauch
200 g Knollensellerie
50 g Tomatenmark
300 ml Weinbrand
300 ml Portwein
300 ml Süßwein
10 weiße Pfefferkörner
2 Lorbeerblätter
1 kleiner Zweig Thymian
1 kleiner Zweig Rosmarin
Salz, Pfeffer aus der Mühle

Brust und Keule von der Poularde trennen und beiseitestellen. Das Fleisch von den Knochen lösen. Etwa 500 g Knochen klein hacken und mit Öl in einem Topf auf dem Herd anrösten.

Möhren, Zwiebeln, Lauch und Sellerie schälen bzw. putzen und klein schneiden. Zu den Knochen geben und mitrösten. Das Tomatenmark hinzugeben und ebenfalls anrösten. Mit Weinbrand, Portwein und Süßwein ablöschen und auf die Hälfte einkochen lassen.

Mit Wasser auffüllen, bis die Knochen bedeckt sind. Zwischendurch immer wieder das Fett abschöpfen. Die Gewürze und Kräuter zugeben und ungefähr 2 Std. köcheln lassen.

Die Brühe durch ein Sieb gießen, ggf. mit Salz und Pfeffer abschmecken und dann kalt stellen.

Entenfond

Für ca. 3 Liter
(Standzeit über Nacht)

ZUTATEN
2 kg Entenkarkassen
50 g Entenfett
3 l Wasser
200 g Zwiebeln
60 g Möhre
80 g Staudensellerie
80 g Weißes vom Lauch
10 Champignons
1 Petersilienstängel
Salz, Pfeffer aus der Mühle

Die Entenkarkassen klein hacken und in einem großen Topf im heißen Entenfett goldgelb braten. Mit dem kalten Wasser auffüllen und ca. 2 Std. leicht köcheln lassen.

Zwiebeln schälen. Möhre putzen und schälen. Staudensellerie und Lauch putzen und waschen. Die Champignons säubern. Die Zwiebeln und das vorbereitete Gemüse in grobe Stücke schneiden und nach 1,5 Std. Garzeit zum Fond geben. Ca. 10 Min. vor Ende der Kochzeit den gewaschenen Petersilienstängel zufügen und darin ziehen lassen. Dann den Fond durch ein feines Sieb oder Tuch passieren. Ggf. mit Salz und Pfeffer abschmecken.

Den Fond über Nacht im Kühlschrank kalt werden lassen. Am nächsten Tag das an der Oberfläche abgelagerte Fett entfernen.

Entenjus

Für ca. 1 Liter

ZUTATEN
1 kg Entenkarkassen
(Flügel, Knochen, etc.)
1 Möhre
50 g Knollensellerie
⅓ Stange Lauch
150 g Zwiebeln
Entenfett zum Braten
1 EL Tomatenmark
250 ml Rotwein
100 ml Madeira
2 l Entenfond (siehe S. 220)
Butter oder Speisestärke zum Binden
Salz, Pfeffer aus der Mühle

Den Backofen auf 180 °C vorheizen.

Die Karkassen in grobe Stücke zerteilen und noch vorhandenes Fett entfernen. Dann auf einem Blech im Backofen ca. 30 Min. goldbraun rösten.

Möhre und Sellerie putzen, schälen und in Würfel schneiden. Lauch putzen, waschen und grob in Ringe schneiden. Zwiebeln schälen und grob würfeln.

Das Entenfett in einem Topf erhitzen und das Gemüse darin anbraten. Die gerösteten Knochen auf einem Sieb abtropfen lassen und dann zum Gemüse geben. Das Tomatenmark zufügen und mitrösten.

Mit einem Drittel des Rotweins ablöschen, vollständig reduzieren und diesen Vorgang noch zweimal wiederholen. Dadurch bekommt die Jus eine dunklere Farbe. Zum Schluss mit Madeira und Entenfond aufgießen. Alles ca. 2 Std. bei mittlerer Hitze köcheln lassen.

Anschließend durch ein Sieb passieren und den Fond kräftig reduzieren, bis er die gewünschte Konsistenz erreicht hat. Das vorhandene Fett abschöpfen. Die Jus nach Belieben mit Butter oder in etwas Wasser aufgelöster Stärke binden. Zum Schluss mit Salz und Pfeffer abschmecken.

Wildgeflügelbrühe

Für ca. 2,5 Liter

ZUTATEN

4 kg Wildgeflügel-Karkassen, Abschnitte, Flügel etc. (z. B. Fasan, Ente, Gans)
2 EL Sonnenblumenöl
1 Bund Suppengrün (Möhre, Knollensellerie, Lauch)
5 Stängel Petersilie
1 große Zwiebel
1 TL Pfefferkörner
6 Gewürznelken
15 Wacholderbeeren
5 Lorbeerblätter
Salz

Den Backofen auf 220 °C vorheizen.

Karkassen, Abschnitte, Flügel etc. in gleichmäßige Stücke hacken oder schneiden und in einem Bräter mit Sonnenblumenöl im Backofen ca. 15 Min. leicht rösten.

Suppengrün und Petersilie putzen, waschen und mit Küchengarn zusammenbinden. Die Zwiebel halbieren, die Schnittflächen mit Alufolie umwickeln und in einer Pfanne sehr dunkel bräunen. Das gibt der Brühe eine schöne Bernsteinfarbe.

Pfefferkörner, Nelken und Wacholderbeeren in einem Mörser andrücken. Die Karkassen in einen Topf geben, Suppengrün, Zwiebelhälften, Gewürze und etwas Salz zufügen. Mit kaltem Wasser auffüllen, bis alles bedeckt ist.

Die Brühe langsam erwärmen und mindestens 2 Std. 15 Min. bei niedriger Hitze köcheln lassen. Nur dann geben die Knochen den Geschmack an die Brühe ab. Wenn sich an der Oberfläche Schaum bildet, nicht sofort abschöpfen. Er besteht aus Eiweiß und bindet die Trübstoffe in der kochenden Brühe. Wird er grau und trüb, dann abschöpfen!

Nach dem Kochen durch ein feines Sieb oder ein Tuch passieren. Je nach Geschmack kann die Brühe noch reduziert werden, sie wird dann kräftiger.

> **TIPP** Die Brühe kann problemlos in kleinen Mengen eingefroren und zur weiteren Verwendung je nach Bedarf aufgetaut werden.
> **INFO** Diese Brühe kann hell oder bernsteinfarben zubereitet werden. Für die helle Brühe röstet man die Zwiebelhälften und die Karkassen nicht an. Der Geschmack der Brühe, deren Zutaten vorher angeröstet wurden, ist allerdings kräftiger.

Teilstücke vom Huhn

HÄHNCHENFLÜGEL MIT HAUT
Je nach Schnittführung beim Zerlegen weist der Hähnchenflügel im Anhang mehr oder weniger Brustfleisch auf. Flügel kann man marinieren, grillen oder braten und mit Dips servieren.

HÄHNCHENSCHENKEL MIT HAUT
Das Fleisch dieses Stückes ist saftig und kräftiger im Geschmack als das Brustfleisch. Es ist ideal zum Braten, Schmoren oder Grillen.

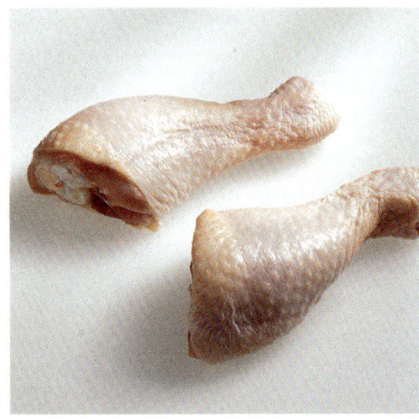

HÄHNCHENUNTERSCHENKEL MIT HAUT
Der Teil zwischen Knie- und Fußgelenk, engl. »drumstick«, wird vor allem zum Braten oder Grillen geschätzt und ist beliebt als Fingerfood.

GANZE HÄHNCHENBRUST MIT HAUT
Sie wird mit Brustbein und Rippen angeboten. Um Brustfilets zu gewinnen, längs entlang des Brustbeins teilen. Im Ganzen und mit der (schützenden) Haut zum Braten und Grillen geeignet, aber auch für Hühnerfrikassee oder Geschnetzeltes.

BRUSTFILETS OHNE HAUT
Das magere Muskelfleisch ist ideal für Portionsgerichte. Es eignet sich zum Kurzbraten als Ganzes oder geschnetzelt (quer zur Faser geschnitten). Bei der Zubereitung von Brust ohne Haut sollte das Fleisch durch Speckstreifen vor dem Austrocknen geschützt werden.

Geflügel küchenfertig vorbereiten

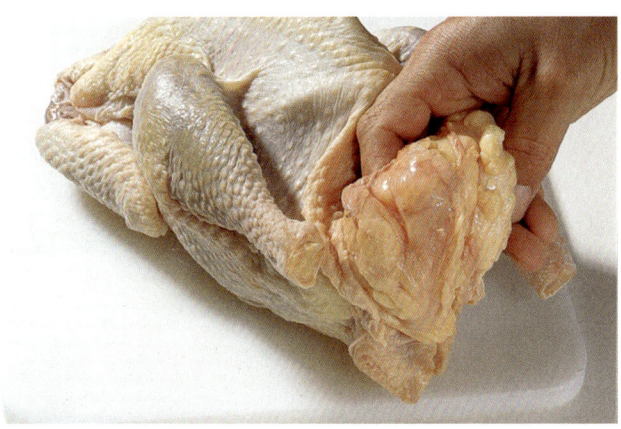

STEP 1 Das anhängende Fettgewebe sowie die Drüsen am Hals mit den Fingern lösen, herausholen und dann vorsichtig ganz wegschneiden.

STEP 2 Das Geflügel anschließend innen und außen unter fließendem kalten Wasser sehr sorgfältig waschen. Am besten gibt man es dazu in einen Durchschlag.

STEP 3 Das Geflügel anschließend im Sieb abtropfen lassen und so drehen, dass das Waschwasser gut aus der Bauchhöhle ablaufen kann.

STEP 4 Das gewaschene und abgetropfte Geflügel mit einem Tuch (aus Hygienegründen muss es sich für Kochwäsche eignen) oder mit Küchenpapier innen und außen trocken tupfen.

Geflügel dressieren

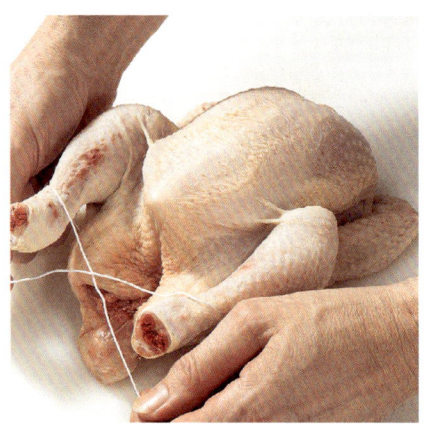  

STEP 1 Flügelspitzen über die Flügel schlagen. Das Küchengarn um die Unterschenkel führen und überkreuzen.

STEP 2 Dann das Küchengarn seitlich entlang der Unterschenkel in Richtung der Flügel führen und dabei straff ziehen.

STEP 3 Die Enden des Küchengarns fest verknoten, dabei das Hähnchen in seine natürliche Form drücken.

Hähnchen spalten und flach drücken

 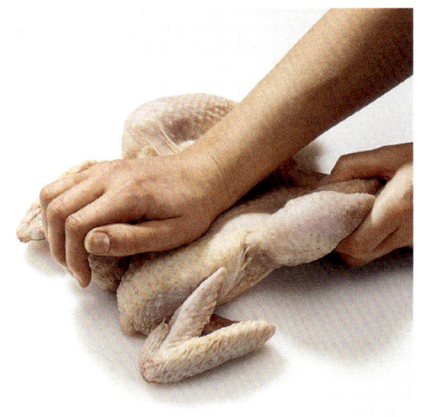 

STEP 1 Mit einer Schere auf beiden Seiten neben dem Rückgrat entlangschneiden. Das Rückgrat mit Bürzel und Hals entfernen.

STEP 2 Das Hähnchen mit der Brust nach oben hinlegen und das Brustbein durchdrücken, bis es flach liegen bleibt.

STEP 3 Je ein Loch seitlich in die Bauchhaut stechen, den jeweiligen Unterschenkel hindurchstecken und so fixieren.

Crépinettes zubereiten

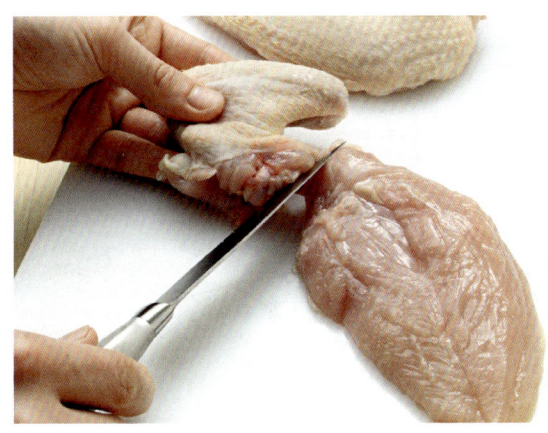

STEP 1 Die Hähnchenbrüste zunächst von den Flügelknochen befreien und dann die Haut vorsichtig ablösen.

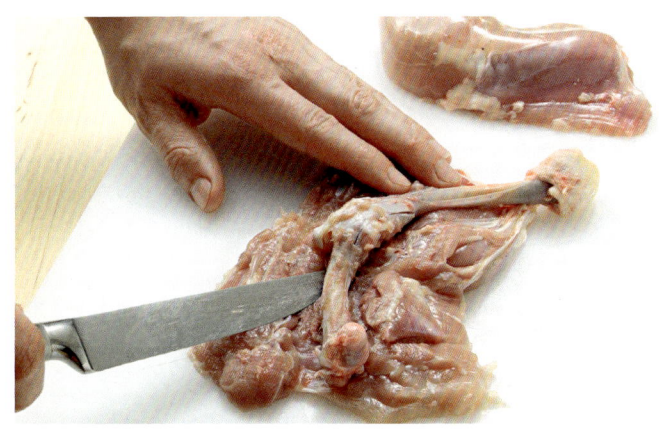

STEP 2 Auch die Keulen häuten, den Unterschenkelknochen freilegen und putzen, den Oberschenkelknochen auslösen.

Hähnchen im Ganzen füllen

STEP 1 Das Hähnchen gut trocken reiben und anschließend innen und außen mit Pfeffer und Salz einreiben.

STEP 2 Das Hähnchen aufstellen und die Füllung locker einfüllen. Nicht festdrücken und nicht zu voll machen.

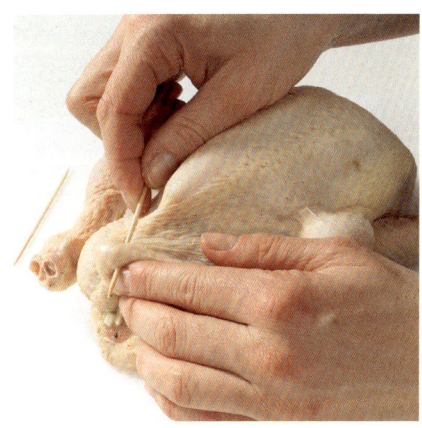

STEP 3 Je ein Loch seitlich in die Bauchhaut stechen, den jeweiligen Unterschenkel hindurchstecken und so fixieren.

Ente füllen und dressieren

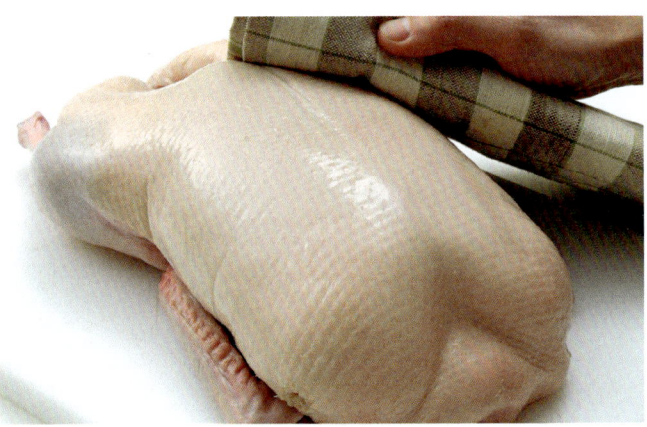

STEP 1 Die Ente auf ein Schneidbrett legen und mit Küchenpapier oder einem Küchentuch trocken tupfen. Das verwendete Tuch ggf. sofort in die Kochwäsche geben.

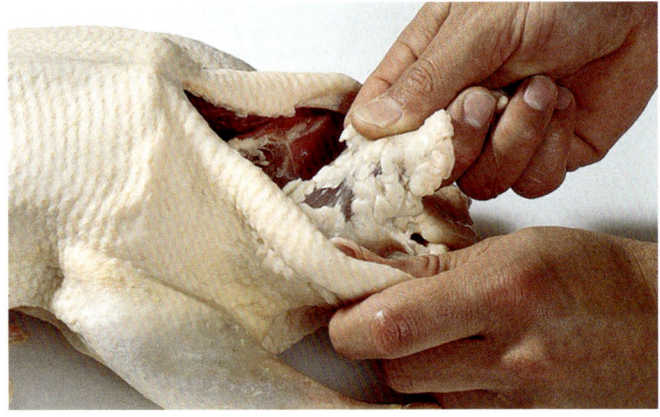

STEP 2 Anhaftendes Fett in der Bauchhöhle vor dem Füllen mit den Fingern lösen und entfernen. Anschließend die Ente innen salzen und pfeffern.

STEP 3 Die Füllung nach Rezept vorbereiten und mit einem Löffel in die Bauchhöhle der Ente geben. Dabei darauf achten, dass die Füllung nicht zu stark zusammengedrückt wird, und die Ente auch nicht zu prall füllen, da sich die Füllung beim Garen noch etwas ausdehnt und die Ente nicht aufplatzen soll.

STEP 4 Die Bauchöffnung schließen: Dazu die Hautkanten mit Daumen und Zeigefinger zusammendrücken und mit sieben Holzspießchen zustecken.

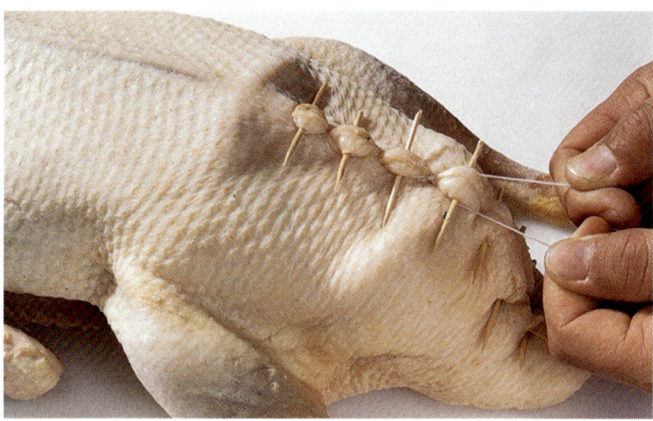

STEP 5 Anschließend die Spießchen von oben nach unten mit Küchengarn umwinden, das Garn dabei nach jedem Spießchen verkreuzen und die Enden verknoten.

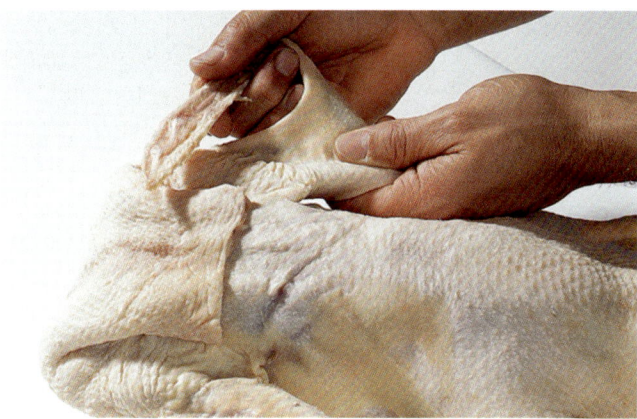

STEP 6 Die Ente dressieren: Die Ente auf die Brustseite legen, die Flügelspitzen jeweils unter das zweite Armgelenk stecken, die Halshaut auf den Rücken klappen.

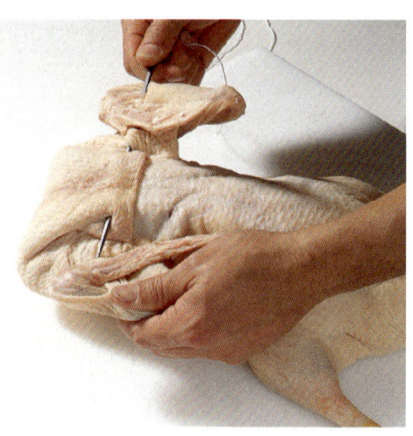

STEP 7 Das Küchengarn mit der Nadel durch beide Flügelteile, durch die Halshaut, unter dem Rückenknochen hindurch und durch den zweiten Flügel ziehen.

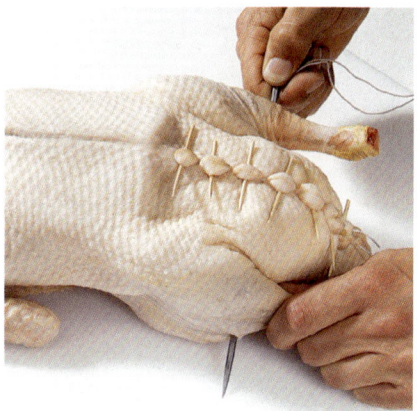

STEP 8 Dann die Nadel quer durch die Schenkel stechen und so durchschieben, dass sie auf der anderen Seite aus dem anderen Schenkel wieder austritt.

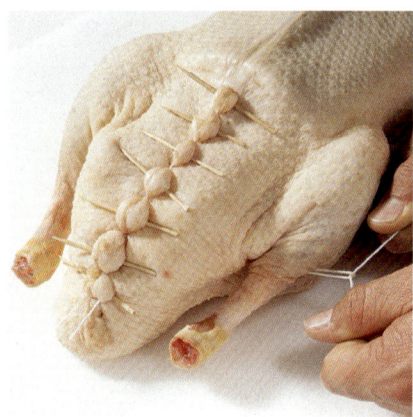

STEP 9 Zum Schluss das Küchengarn verknoten. Die Schenkel sollen nun waagerecht nach hinten zeigen, die Ente soll flach auf der Arbeitsfläche liegen.

Pute dressieren

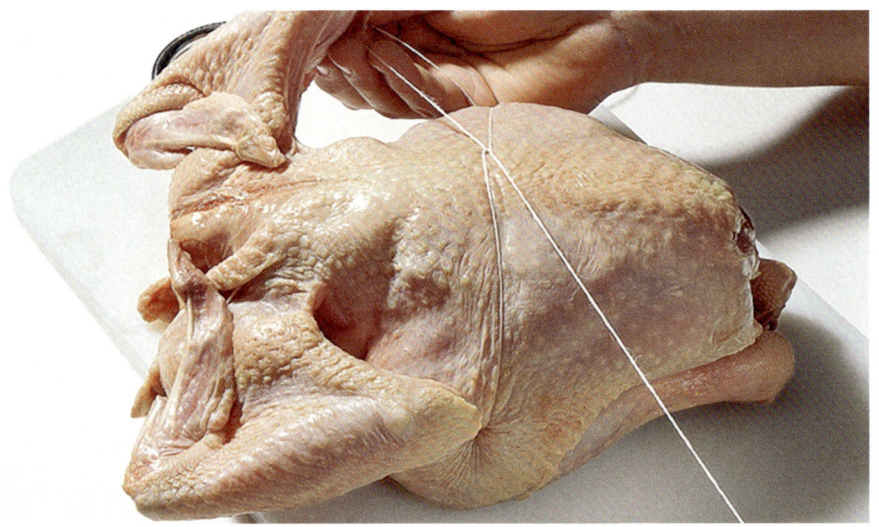

STEP 1 Ein Stück Küchengarn unter den Keulen durchziehen und über dem Rücken kreuzen.

STEP 2 Die Pute umdrehen und das Küchengarn über der Brust kreuzen, dann um die Gelenke binden und doppelt verknoten.

Gebratene Gans tranchieren

STEP 1 Die gebratene Gans auf den Rücken legen. Mit der Fleischgabel den Flügel leicht vom Körper wegziehen und das Gelenk durchschneiden.

STEP 2 Den Keulenknochen zwischen die Zinken der Fleischgabel nehmen und auf diese Art fixieren. Dann die Keule mit einem scharfen Messer am Rumpf entlang einschneiden und durch leichtes Drehen der Fleischgabel das Gelenk ausfindig machen. Das Gelenk durchtrennen. Große Keulen ggf. nochmals teilen.

STEP 3 Die Gans mit der Fleischgabel festhalten und dann die Brust parallel zum Brustbein in möglichst gleichmäßige Scheiben von der Karkasse schneiden.

Rezeptregister

B
Backhendl, österreichisches	79
Bauernente mit Rahmwirsing und Serviettenknödel	110
Barbarie Maisenten, geschmorte	125
Bio-Gans	162

C
Confierte Entenkeulen	146
Challans Ente, rosa gebratene	126
Confierte Entenkeulen mit Bohnencassoulet	145
Coq au vin	80

E
Ente à l'orange	117
Ente, gebratene, auf geschmorten roten Zwiebeln mit Beifuß	113
Entenbrust, pfannengerührte	119
Enteneintopf mit Herz und Magen, Gemüse, Wachteleiern und Grießklößchen	120
Entenfond	220
Entengriebenkruste auf Steinbutt mit Petersiliencreme, Kohlrabi, Steinpilzen und geräuchertem Linsenjus	123
Entengröstl mit Navettensalat	137
Entenherztatar und rosa gebratenes Entenherz mit Brunnenkresse	150
Entenjus	220
Entenkeulen, confierte	146
Entenkeulen, confierte, mit Bohnencassoulet	145
Entenkeulen mit Fenchel-Orangen-Gemüse	118
Entenkeulen, Sauerbraten von, mit Erdfrüchtepüree, Mandeln und Rosinen	143
Entenleberparfait und Nektarinenchutney	108
Entenleberterrine mit Pflaumen in Obstler mariniert	107
Entenmagensalat, lauwarmer, mit Chicorée und Preiselbeer-Vinaigrette	149
Entenragout, mit Pasta	116
Entenravioli mit Spinat	130
Entenrillettes	147
Entenschaschlik mit Backpflaumen, Perlzwiebeln und Petersilienwurzelstampf	141
Ententagliata mit Rucola, Parmesan und altem Aceto balsamico	129

F
Fasan à la Backhendl mit Kartoffel-Gurken-Salat	212
Fasan im Pergament	215
Fasan mit Zitronenthymian und neuen Kartoffeln	207
Fasan, Ragout fin, vom	211
Fasanenbrust auf Pulpoterrine	204
Fasanenbrust und gegrillte Wassermelone auf Sepianudeln	208
Frikadelle von Poularde und Shrimps auf Zitronengrasspieß	97

G
Gänsebrust und Rotkohlsalat mit Macadamianüssen	160
Gänsekeule, gefüllte, mit Rotkraut und Maronenpüree	161
Gänseleberterrine, pochierte	155
Gänsemagen und Schwarzwurzelsuppe	159
Gebratene Ente auf geschmorten roten Zwiebeln mit Beifuß	113
Gebratene Perlhuhnbrust mit Beerensauce, Spitzkohl und Blumenkohlcreme	183
Gebratene Wachtel mit Calamaretti auf Penne	172
Gebratenes Huhn klassische Art	84
Geflügelbrühe	219
Geflügelfond	218
Geflügeljus	218
Geflügellebercreme und Malzbrot	101
Geflügelterrine mit Cumberlandsauce	98
Gefüllte Gänsekeule mit Rotkraut und Maronenpüree	161
Gefüllte Wachteln	171
Gegarte Wachtel im Heu	176
Geschmorte Barbarie Maisenten	125
Geschmortes Huhn nach provenzalischer Art	76
Glasierte Lebern „Berliner Art" mit Püree, Äpfeln, Röstzwiebeln und Aceto balsamico	134

H
Hähnchenkeulen mit Orientsauce	75
Hähnchenkeulen mit Rosa Beeren	77
Huhn, gebratenes, klassische Art	84
Huhn, geschmortes, nach provenzalischer Art	76
Hühnerfrikassee	72
Hühnersuppe mit asiatischer Note	83

HINWEIS Die Backzeiten können je nach Herd variieren. Die Temperaturangaben in unseren Rezepten beziehen sich auf das Backen im Elektroherd mit Ober- und Unterhitze und können bei Gasherden oder Backen mit Umluft abweichen. Details entnehmen Sie bitte Ihrer Gebrauchsanweisung.

K

Knoblauchsuppe, leicht geräucherte, mit Taubenbrust — 114

L

Lauwarmer Entenmagensalat mit Chicorée und Preiselbeer-Vinaigrette — 149
Lebern, glasierte, „Berliner Art" mit Püree, Äpfeln, Röstzwiebeln und Aceto balsamico — 134
Leicht geräucherte Knoblauchsuppe mit Taubenbrust — 114

M

Maispoulardenbrust mit Rosmarinkruste und Gemüserisotto — 94
Masthuhn aus dem Ofen — 86

O

Österreichisches Backhendl — 79

P

Pasta mit Entenragout — 116
Pekingentenbrüste mit Basmatireissud — 138
Perlhuhnbrust auf Gärtnergemüse und Kressesauce — 180
Perlhuhnbrust, gebratene, mit Beerensauce, Spitzkohl und Blumenkohlcreme — 183
Perlhuhnbrust mit Lauch und Austernpilzen — 179
Perlhuhnfrikassee mit Pilzen — 184
Pfannengerührte Entenbrust — 119
Pfifferling-Risotto mit Wildentenleber und Onsen-Ei — 200
Platthuhn — 87
Pochierte Gänseleberterrine — 155
Pochierte Poulardenbrust, gefüllt mit Gänseleber an Portweinsauce — 90
Pot au Feu von der Taube mit Maultaschen — 188
Poularde mit Spinat-Ricotta-Füllung und warmem Kräuteröl — 93
Poularde und Shrimps, Frikadelle von, auf Zitronengrasspieß — 97
Poulardenessenz mit Maultaschen und Morcheln — 89

R

Ragout fin vom Fasan — 211
Ratatouille mit Rucola-Pinienkern-Schaum und gebackener Wachtel — 174
Rosa gebratene Challans Ente — 126

S

Sauerbraten von Entenkeulen mit Erdfrüchtepüree, Mandeln und Rosinen — 143
Schwarzwurzelsuppe und Gänsemagen — 159
Sellerie-Birnen-Schaumsuppe mit Geflügelleber — 102

T

Tagliatelle mit Entenragout und Orangen — 133
Taube in der Salzkruste — 192
Taubenbrüste mit Walnuss-Gorgonzola-Risotto — 187
Taube, Pot au Feu von, mit Maultaschen — 188
Taube, Zweierlei von, mit Verjus-Aprikosen — 191

W

Wachsbohnen und Stoppelgansrillette mit „Schüttelbrot" — 156
Wachtelbrust mit Steinpilzraviolo — 167
Wachtelbrust im Wirsingmantel mit Waldpilzen — 168
Wachtel, gebackene, mit Ratatouille mit Rucola-Pinienkern-Schaum — 174
Wachtel, gebratene, mit Calamaretti auf Penne — 172
Wachteln, gefüllte — 171
Wachtel, gegarte, im Heu — 176
Wildentenleber, mit Pfifferling-Risotto und Onsen-Ei — 200
Wildente mit karamellisiertem Sauerkraut — 198
Wildente mit Orangen-Aprikosen-Füllung — 196
Wildentenbrust mit Trauben — 199
Wildentenkrusteln mit Griessschnitten — 195
Wildgans mit Gänseleberfüllung — 203
Wildgans mit Hackfleischfüllung — 202
Wildgeflügelbrühe — 221

Z

Zweierlei von der Taube mit Verjus-Aprikosen — 191

Impressum

GEFLÜGEL

Herausgeber
Ralf Frenzel

TEUBNER ist ein Unternehmen des GRÄFE UND UNZER VERLAGS, München, GANSKE VERLAGSGRUPPE
www.teubner-verlag.de

© 2022 GEFLÜGEL
Tre Torri Verlag GmbH, Wiesbaden
tretorri.de

Idee, Konzeption und Umsetzung
Tre Torri Verlag GmbH und CPA! Communication und Projektagentur GmbH, Wiesbaden

Redaktioneller Teil
Stefan Pegatzky
Susanne Grendel S. 61-63

Art Direction und Gestaltung
Tommas Bried | 3c4y Cookbook Design | London/Berlin

Fotografie Food
Peter Schulte, Hamburg S. 2, 6/7, 52/92, 55/182, 66, 69, 73, 74, 78, 81, 82, 85, 88, 91, 95, 96, 99, 100, 103, 104, 106, 144, 166, 169, 170, 173, 177, 178, 181, 185, 186, 189, 190, 193, 197, 201, 205, 206, 209, 210, 214 |
Guido Bittner, Wiesbaden S. 121, 122, 124, 127, 128, 131, 132, 135, 136, 139, 140, 143, 213 |
Christof Herdt, Frankfurt Titel, S. 111, 124, 148, 151, 154, 158, 163, Hintergrund S. 8/9, 64/65, 104/105, 152/153, 164/165, 216/217 |
Thorsten kleine Holthaus, Düsseldorf S. 56 | Manuel Krug, Berlin S. 88, 109, 157 | Till Roos, Frankfurt S. 174 | Carl Gros, London/Hohenstein S. 109, 112, 115, 206 | Gräfe und Unzer Verlag/Christian Teubner Step-Bilder Küchenpraxis S. 222-229

Reproduktion
Lorenz+Zeller GmbH, Inning a. A.

Printed in Slovakia

ISBN 978-3-96033-127-8

Haftungsausschluss

Die Inhalte dieses Buchs wurden von Herausgeber und Verlag sorgfältig erwogen und geprüft. Dennoch kann eine Garantie nicht übernommen werden. Die Haftung des Herausgebers bzw. des Verlags für Personen-, Sach- und Vermögensschäden ist ausgeschlossen. Für Überarbeitungen und Ergänzungen der vorliegenden Auflage besuchen Sie uns unter: www.tretorri.de.

© Fotonachweis

S.10 Adobe/only_kim | S. 13 Junge mit Gans auf dem Pferdemarkt in Płock (Polen): Eustachy Kossakowski/Forum/Süddeutsche Zeitung Photo | S. 14 Buchcover: Archiv | S.15 Sundheimer Hühner: Pedalito/https://commons.wikimedia.org/wiki File:Sundheimer_Hahn_und_Hennen.jpg | S. 16 Celia Steele (l.), zwei ihrer Kinder und ein Aufseher vor ihren Hühnerställen: Delmarva Poultry Industry, Inc. | S. 18 Historischer Hühnertransport in Zugwaggons in den USA: U.S. Department of Agriculture | S. 19 Hühnerzüchter auf einer „1-Acre-Farm" in Murray, Salt Lake County, Utah (1940): Farm Security Administration / Office of War Information Photograph Collection | S. 20 Bankiva: cc.by-sa-4.0 Philip Pikart | S. 23 Cochin: cc-by-sa-3.0 Nightflyer; Brahma: cc-by-sa-3.0 Redrobsche; Malaie: Zamwan/https://commons.wikimedia.org/wiki/File:The_Malay_(chicken)_female..jpg | S. 24 Dorking: cc-by-sa-3.0 3268zauber | S. 27 Bresse Huhn: Aline Perier; Jersey Giant: Ruth Caron; New Hampshire: iStock: Michel VIARD | S. 28 Deutsches Lachshuhn: cc-by-sa-3.0 Jörg Hempel | S. 31 Ramelsloher: Wolfgang Riemer; Augsburger: Pixabay; Sundheimer: cc-by-sa-1.0 Xocolatl | S. 32 Altsteirisches: cc-by-sa-2.5 www.newsserver.at / Oswald Hicker | S. 33 Sulmtaler: cc-by-sa-3.0 Krapfengut | S. 35 Sasso: Pixabay; Hybride: cc-by-sa-2.0 U.S. Department of Agriculture | S.36 Pommernente: Adobe/bennytrapp | S. 39 Rouenente: La Ferme de Beaumont; Pekingente: cc-by-sa-3.0 Martin Backert; Flugente: cc-by-sa-2.5-(USA) Steven H. Keys / KeysPhotography.com | S. 40 Emder Gans: cc-by-sa-3.0 Noodle snacks | S. 43 Pommern Gans: cc-by-sa-3.0 Martinez3001; Deutsche Legegans: Antje Feldmann / Gesellschaft zur Erhaltung alter und gefährdeter Haustierrassen (GEH); Toulouser Gans: cc-by-sa-4.0 Dr Ramses | S. 44 Perlhuhn: cc-by-sa-3.0 Bob | S. 47 Strauß: cc-by-sa-4.0 Yathin S Krishnappa; Pute: cc-by-sa-2.5 Friedrich Böhringer; Hybridpute: Pavel157 | Dreamstime.com | S. 48 Fasan: cc-by-sa-3.0 Dick Daniels / carolinabirds.org | S. 51 Taube: cc-by-sa-3.0 Graham Manning; Rebhuhn: JakobRei / https://commons.wikimedia.org/wiki/File:Rebhuhn_im_Nationalpark_Bayerischer_Wald_1.jpg; Wachtel: cc-by-sa-3.0 Guerin Nicolas | S. 59 Adobe/FOOD-micro | S. 60 Adobe/Dusan Kostic | S. 62/63 Adobe/Vera Kuttelvaserova